サハラ砂漠 塩の道をゆく

片平 孝

はじめに

　人と塩の深い関わりは、人類が誕生した時から始まっている。人は塩がなければ生きられない。人の体は、血液やリンパ液、細胞間液など体液に満たされたたくさんの細胞からできている。この体液の濃度調節に塩は大切な働きをしている。

　古来、人々は、塩を手に入れるために命を賭《と》して戦い、様々な工夫と知恵を絞ってきた。古代から近代に至るまで、多くの国の財政は塩にかけた税金で賄われていた。フランス革命は、塩にかけた重税に対する民衆の怒りの爆発でもあった。

　塩は時に思いもよらない力と価値を生み出す。かつて金と同等の希少価値を持つ塩があった。塩が奴隷の体重と同じ重さで取引された時代もある。しかし、現代の塩は台所の隅っこでただの調味料として無関心に扱われ、塩の摂り過ぎは健康を害するとして悪者扱いされることさえある。塩は、人の命を繋《つな》ぎ、人の命を破壊する諸刃《もろは》の剣でもある。

　塩のふるさとは太古の海だ。大昔に海だったサハラ砂漠には、海塩をはじめ、湖塩、岩塩な

ど、地球上のすべての塩が存在している。なかでもサハラ砂漠の奥地に産出する岩塩は、かつて「王者の商品」とまで呼ばれ、塩の採れない西アフリカ南部の森林地帯では金と同じ重さで取引されるほど、大変な貴重品だった。

八世紀から一六世紀にかけて輝かしい栄華を誇り、この地に興隆したガーナ王国、マリ帝国、ソンガイ帝国などの黒人国家は、砂漠を越えて北から運ばれて来るサハラの岩塩と、南から来る金や象牙《ぞうげ》、奴隷などとの交易で繁栄していた。その中心には伝説の〝黄金の都〟トンブクトゥがあった。これらの国々はすべて消え去ってしまったが、当時のままの採掘方法で塩を切り出すタウデニ鉱山と、砂漠を越えてトンブクトゥに運ばれる塩の交易は、二一世紀の今も変わらずに続いている。そして、そこには命懸けで塩を運ぶ人たちがいた。

退色した一枚の写真がある。

一九七〇年一月、私は荒々しい褐色の砂漠にいた。昼と夜が変わるだけの大地を二週間以上車で移動する毎日。このまま永久に砂の世界から脱出できないと思い込みかけていたある日、突然、水を満々と湛《たた》えた大河に出た。

目に飛び込んできたのは、マリのニジェール川の岸辺に辿《たど》り着いたアザ

ニジェール河畔に荷下ろしされたタウデニ岩塩鉱山の塩の板（1970年撮影）

ライ（先住民トゥアレグ族の言葉で「塩を運ぶキャラバン」の意）の姿だった。三〇頭近いラクダの背中には岩塩が積まれていた。

この岩塩こそ、かつて金と同じ重さで取引された「バー」と呼ばれる板状の塩だ。初めて見るサハラの岩塩に、私は好奇心をかき立てられた。砂漠の真っ只中《ただなか》に眠る岩塩。削られて板状になっているが、どんな姿形で大地に埋まっているのだろう。その場所は地下なのか地上なのか。岩塩を鋸《のこぎり》で挽《ひ》いて板状にするのか。アザライはどんな旅をするのか。タウデニは、トンブクトゥの北、約七五〇キロの流砂の彼方だが、いつかアザライと一緒に訪ねてみたいと思った。しかし、タウデニはフランスの植民地時代から独立後の軍事政権下でも政治犯の流刑地だった。そのため、当時、外国人の立ち入りが一切できなかった。

一九七二年、私は別ルートで塩を運ぶキャラバンの情報を得て、隣国ニジェールのサハラ砂漠でハウサ族のキャラバンと共に一九日間の旅をした。彼らが運んでいた塩は塩水を蒸発させてつくる天日塩で岩塩ではなかったが、ラクダの旅をする貴重な体験ができた。果てしなく広がる砂の海を命懸けで塩を運ぶ人々の姿。そのとき覚えた感動が、以来、私がライフワークとして世界の塩を撮り続けるきっかけになった。

その二年後、再度トンブクトゥを訪ねたが、タウデニの状況は全く変わらなかった。しかし、一九九〇年代に入ると、囚人が強制労働で掘らされていたタウデニ鉱山の塩は、民主主義政権のもと一攫《いっかく》千金を夢見てやって来るマリの人々に開放された。それでも外国人がタウデニを訪れるまでには、さらに先住民トゥアレグ族の反乱が収まるのを待たねばならなかった。

アフリカの政情は、空模様のように変わる。たまたま治安が良くなった年があった。二〇〇二年、世界遺産の撮影で二八年ぶりにトンブクトゥを訪ねた時、外国人でもタウデニ鉱山に行けるようになったことを知った。翌二〇〇三年一二月、早速、アザライと旅をするという夢を実現させるために、四度目のマリに飛んだ。初めてアザライを目にしてから、すでに三三年の時が流れていた。本書はこのときの記録である。

残念ながら、現在、タウデニ鉱山へ行くことはできない。長い間、外国人に閉ざし続けた門が、再び閉じられてしまった。塩の道はアルカイダ系テロ集団とトゥアレグ族の武装蜂起によって彼らの活動拠点になっている。歴史の文化遺産であるタウデニ鉱山と灼熱《しゃくねつ》の砂漠で命を賭して塩を運ぶアザライの世界。当分目にすることはできないだろう。それに再びアザライと旅するのは難しそうだ。

これがアザライとの旅から十数年経った今、本書を出す理由である。

1970年、旧西ドイツで1000ドルで購入したポンコツワーゲンに乗って、地中海のアルジェから砂漠を3000キロ以上縦断し、アルジェリアからマリに入った。車は毎日どこかしら故障した。屋根に積んでいるのはガソリン

◉旅の関係者

アブドラ　マリ北部の州都トンブクトゥの観光ガイド。今回の旅では、通訳兼コック。ベルベル系トゥアレグ族の貴族階級出身。二七歳。

アジィ　キャラバンを引率するラクダ使い。トンブクトゥと郊外に二人の妻をもつ。アラブ系ベラビッシュ族。三五歳。

ムスターファ　合流したアザライのリーダー。隊員全員が親戚縁者で、アジィと同じベラビッシュ族。四四歳。

モハメッド　アザライの隊員。一九歳。

ラミィ　アザライの隊員。三五歳。

イブラヒム　アザライの隊員。四〇代。タウデニに塩採掘の労働者として残留。

アルバ　タウデニで借金の形に一〇年近く働き続ける労働者。アブドラの遠縁でトゥアレグ族。三五歳。

アルファ　タウデニに残ったイブラヒムに代わって、キャラバンに途中参加した三七歳の隊員。

ハッサン　首都バマコとトンブクトゥの観光ガイド。バマコからトンブクトゥへ、一一〇〇キロの車旅をガイド。ソンガイ族。

イッサ　アブドラとアジィの友人でトンブクトゥの観光ガイド。旅には同行しない。ソンガイ族。

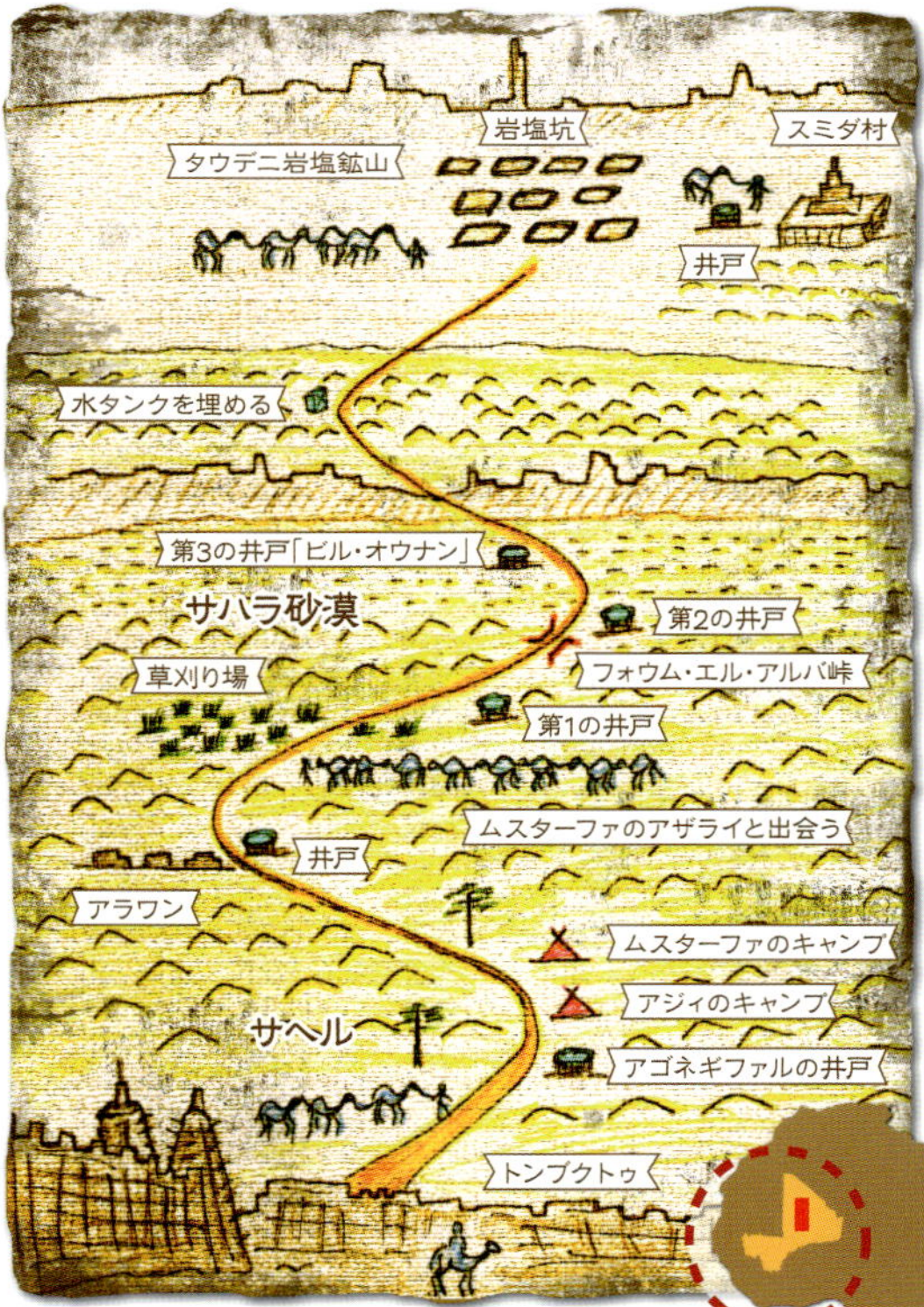

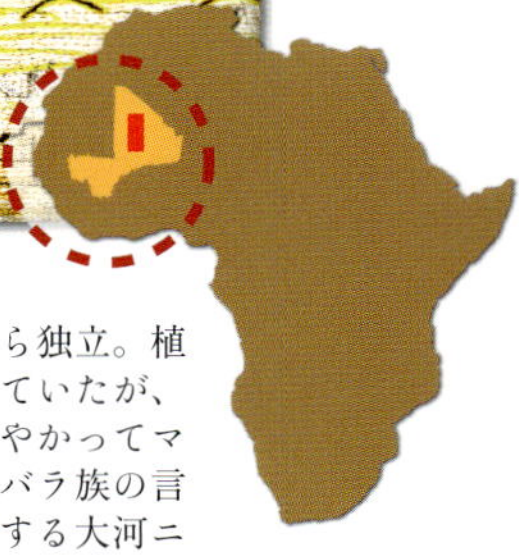

マリ共和国
西アフリカ内陸部の国。1960年フランスから独立。植民地時代にはフランス領スーダンと呼ばれていたが、独立に際し、かつてのマリ帝国の繁栄にあやかってマリという国名になった。マリは原住民バンバラ族の言葉で「カバ」を意味する。カバは国を横断する大河ニジェール川にたくさん生息している。国土の面積は日本の3.3倍。そこに1530万人（2013年）が暮らしている。国土の3分の1は北部（上掲地図）にサハラ砂漠が広がり、残りの南部はニジェール川流域だけが農耕地になっており、ほかは乾燥して地理的にいえば砂漠の国だ。

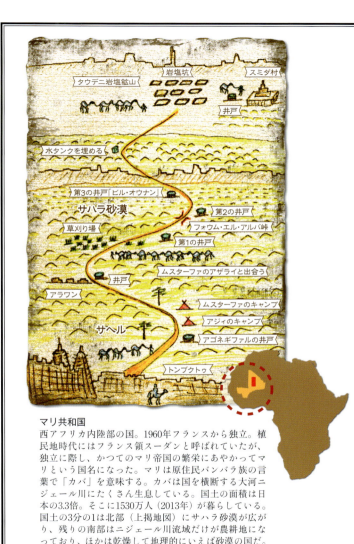

【目次】

岩塩を積んだアザライが炎天下真っ平らな砂漠をゆく

第一章
タウデニ岩塩鉱山への旅立ち

夕方、サハラ砂漠の大地に映るキャラバンの影

首都バマコから北の町トンブクトゥへ

パリ経由で深夜、マリの首都バマコに着いた。都心の三ツ星ホテルは安全と便利が取り柄だが、蚊帳がないと一晩でマラリアにかかりそうな〝モスキートホテル〟だった。従業員が中国製の殺虫スプレーを部屋中にまいてドアを閉め切り、一五分後に中に入った。それでも蚊は元気に飛んでいる。そんなこともあろうかと持参した日本製の蚊取り線香を三つ焚《た》き、煙に燻《いぶ》されて線香臭い夜を明かした。

西アフリカ内陸、マリの一二月は一年でいちばん過ごしやすい季節で、気温二二度、湿度二〇パーセント、快晴の涼しい朝を迎えた。高層ビルが少ない古びた都市は静かだった。ここからキャラバンの出発地トンブクトゥまでは、飛行機で北東に一時間半。近くにある国営マリ航空の事務所で席の予約をしたが、四〇人乗りの古いプロペラ機は一週間先まで満席だった。

ホテルに戻ると、昨夜、空港でしつこく話しかけてきたソンガイ族の自称観光ガイド・ハッサンという男がロビーで待っていた。飛行機が満席だという情報を彼も知っていた。

「どうですか。車をチャーターしてトンブクトゥまで行きませんか？　向こうに家内がいるんです。子供が生まれたので私もそちらに行きます」

目的地まで一一〇〇キロの道程。一泊二日、ホテルと食事が付いて料金は五万円。飛行機よ

フランス領の面影が色濃く残る、マリの首都バマコの中心街

り高いが、一週間も待つことを考えれば悪くない値段だ。ここで時間を無駄にするわけにはいかない。キャラバンに同行する仲間が首を長くして私を待っている。少し怪しいと思いながらも、明朝八時出発ということで書類にサイン。ご丁寧に手書きの契約書がつくられていた。一応、トンブクトゥに到着する日時と安否確認の情報として、ハッサンの名前を記したファックスを、郵便局からトンブクトゥのガイド・イッサに送っておいた。

翌朝八時、ハッサンが運転手付きの4WDをチャーターしてホテルに迎えに来た。もう彼を信じるほかない。腹を決めて車に乗った。どうせ今回は最後まで安全の保証などない無謀な旅だ。砂の海を一五〇〇キロ、護衛もなく往復する旅。盗賊もいればアルカイダ系のテロリストも身代金目的のカモを探して砂漠を徘《はい》徊《かい》している。何が起きてもそれ以上ヤバイことにはなるまい。そう思い直して後部座席に座ると少し気が楽になった。

小さな都市だが、首都だけあって朝のラッシュは半端じゃない。一本しかない東に向かう道路は、町の外に出るのに三〇分もかかった。この道は何度か走ったことがある。いつもと何か違うなあ……と思っていたら、検問所がない。以前は検問の繰り返しで、快適に車を走らせることなどできなかった。路上に荷物を全部出して徹底的に調べられることもあった。警察官が小遣い銭ほしさに故意に調べることもしばしばだが、政権の不安定な国につきものの武器の摘発が最大の目的だ。検問所を必要としなくなったのは、国政が安定していることを意味する。

首都バマコから六三四キロ東に位置するマリ第二の町モプティで一夜を明かした。朝食が終わる頃、ハッサンを乗せた車が迎えに来た。後ろの荷台に四人の男たちがぎゅうぎゅうに詰め込まれている。その中の一人の少年に見覚えがあった。彼も私を見て微笑《ほほえ》んだ。トンブクトゥの雑貨屋の息子だった。

「この子が病院から退院して、トンブクトゥに帰るところなんです。私の親戚です。一緒に車に乗せてやってください。あとの大人は彼の付き添いです」

ハッサンが要領良く、わけのわからない事後報告で了承を求めてきた。彼が四人から金を徴収したのは見え見えだが、悪びれる様子はない。手には、天井から吊《つ》り下げて回るプラスチック製のおもちゃの箱を大事に抱えている。子供が生まれたのは本当だった。

私が乗る後部座席には、バックパッカーの若いオーストラリア人男性が座っていた。その彼が、私を見てぶつぶつ文句を言い出した。三〇〇ドル払ってチャーターした車がすし詰めの状態なので、怒りが収まらないようだ。私も同感だが、何でも商売にしてしまうハッサンの生き方に、思わず笑ってしまった。

人いきれと体臭で窒息寸前の車は、モプティからは北に進路を変えてニジェール川の干上がった川床をひたすら走った。シルトという砂と粘土の中間の粒子からなる細かい土が車の走行を邪魔する。車はもうもうと土煙を上げてもがき、左右に激しく尻を振った。もうサハラ砂漠の入口だ。このまま北進すると、アフリカ第三の大河ニジェール川が砂漠に向かって大きな弧を描く湾曲部にぶつかる。そこにフェリー乗り場がある。車はその一点を目指して爆走した。

夕方、無人の船着場コリウメに着いた。夕日を浴びて滔々《とうとう》と流れる大河の青い水面が目に沁《し》みる。水の匂いがマイナスイオンとなり、痺《しび》れるように全身を包み込む。ここがサハラ砂漠の真っ只中《ただなか》とは俄《にわ》かに信じられないが、川をなぞるように迫る砂丘が紅く染まって近くに見えた。

古代から砂漠の南の果てにニジェール川があることは知られていたが、ナイル川の支流とか、出口のない川だとか様々な憶測を呼ぶだけで、どこに流れているのかさえ謎だった。長い間わからなかったのは、この川を調査に来た探険家がみな殺されて帰って来なかったからである。特にこの大湾曲部はたくさんの沼地が繋《つな》がっていて、水がどの方向に流れているのかも定かでない。川には人や家畜を襲うカバが生息している。

船着場からは見えないが、対岸に目的地トンブクトゥの港カバラがある。夕闇《ゆうやみ》が迫る六時近く、艀《はしけ》のような箱船に揺られてカバラ港に上陸した。港といってもコンクリートの護岸が三〇メートルほどあるだけで、人家はまばらだ。

伝説の交易都市トンブクトゥ

車がなかった時代、西アフリカ内陸部の物資の輸送はサハラ砂漠に張り巡らされた隊商路と、大河ニジェール川を舟でゆく水運だけであった。八世紀から一六世紀の交易の時代、西アフリカに黒人の王国が興隆するなか、マリ北部の町トンブクトゥは、交易の中継地として巨万の富を集めて繁栄した。砂と水が出合う交通の要所は、「黄金の都」として遠くヨーロッパにまでその名が知れ渡り、人々の黄金郷への夢をかき立て、また多くの探検家を惹《ひ》きつけた。

当時、ガーナ王国、マリ帝国、ソンガイ帝国などの黒人国家が繁栄したのは、ヨーロッパで金の需要が増加したことと、既存鉱山の金が枯渇してアフリカの金の交易が一気に増えたから

大きな金飾りをつけたフルベ族の女性

だ。しかし、砂漠を越えて金を買いに来る商人たちは、トンブクトゥの南というだけで金の産地を知らなかった。

遠く離れたイスラムの聖地サウジアラビアのメッカやエジプトのカイロ、スペインのグラナダなどから運び込まれる香料や絹織物、書物、装飾品、馬具などに交じって、砂漠を越えて運ばれて来る特別な価値を持つ交易品があった。それが岩塩だった。岩塩は南の森林地帯から川舟で運ばれて来る金と同等に交換されるほど高価な品物として扱われた。

砂漠と大河が出合うトンブクトゥに町がつくられたのは一一世紀。遊牧民と農耕定住民の境界地点は、やがてラクダの交易と河川交通で商業の一大中心地になる。トンブクトゥを繁栄させたのは、東方から移住して来たと言われる黒人集団ソンガイ族だ。東方とはナイル渓谷を指すが、正確には彼らがどこから来たのかまだわかっていない。

七世紀末、北アフリカにアラブ人が侵攻した頃、ソンガイ族はニジェール川中流域に住みつき、一五世紀後半から一六世紀末にかけてソンガイ帝国を築いた。その広さはニジェール川湾曲部を中心に西スーダン全域に及んだ。ちなみにスーダンとは、西アフリカから東アフリカまでのサハラ砂漠以南の内陸部でイスラム教に影響された地域を指していて、その西側の地域は長い間、歴史的に「西スーダン」と呼ばれていた。

トンブクトゥは一六世紀前半、アスキア・ムハンマド一世の時代、イスラム教が優遇されて全盛期を迎える。町はサハラ貿易と文化の中心地になって、人口一〇万の都市に発展した。さらにサンコレ総合イスラム大学の所在地になると、文化と黄金の都としてトンブクトゥの名が全イスラム世界に知れ渡った。

しかし、どんな帝国にも終わりがある。ソンガイ帝国の岩塩と金に執心したモロッコの首長たちがサハラを越えて、当時まだ黒人アフリカにはなかった鉄砲と馬で帝国を襲い、瞬く間に滅ぼしてしまう。金や象牙・岩塩だけでなく黒人奴隷の確保のために、首長たちが暗殺や策略、死闘を繰り広げ、町は急速に荒廃した。そして崩壊した町を、大きなラクダに乗ったサハラの先住民トゥアレグ族がハゲタカのように略奪しまくった。彼らは町には住まず、必要に応じて女、奴隷、金、食料などを税のように徴収するためにだけやって来る。

その間、伝説の黄金郷を夢見て多くの探検家が砂漠を越え、あるいは川沿いにトンブクトゥを目指したが、誰一人生還する者はなかった。一八二八年、フランス人探検家ルネ・カイエが、ヨーロッパ人として初めてトンブクトゥに辿《たど》り着き生還を果たした。だが、このとき彼が目にした憧《あこが》れの町は、もはや黄金都市ではなく廃墟《はいきょ》だった。すでにフランスの植民地になっていた一九〇四年には、しゃぶりつくされた町の人口は八〇〇〇人にまで減っていて、死に絶えた亡霊の町となっていた。

現在、人口は三万人余りに増えたが、度重なるトゥアレグ族の反乱とアルカイダ系テロリス

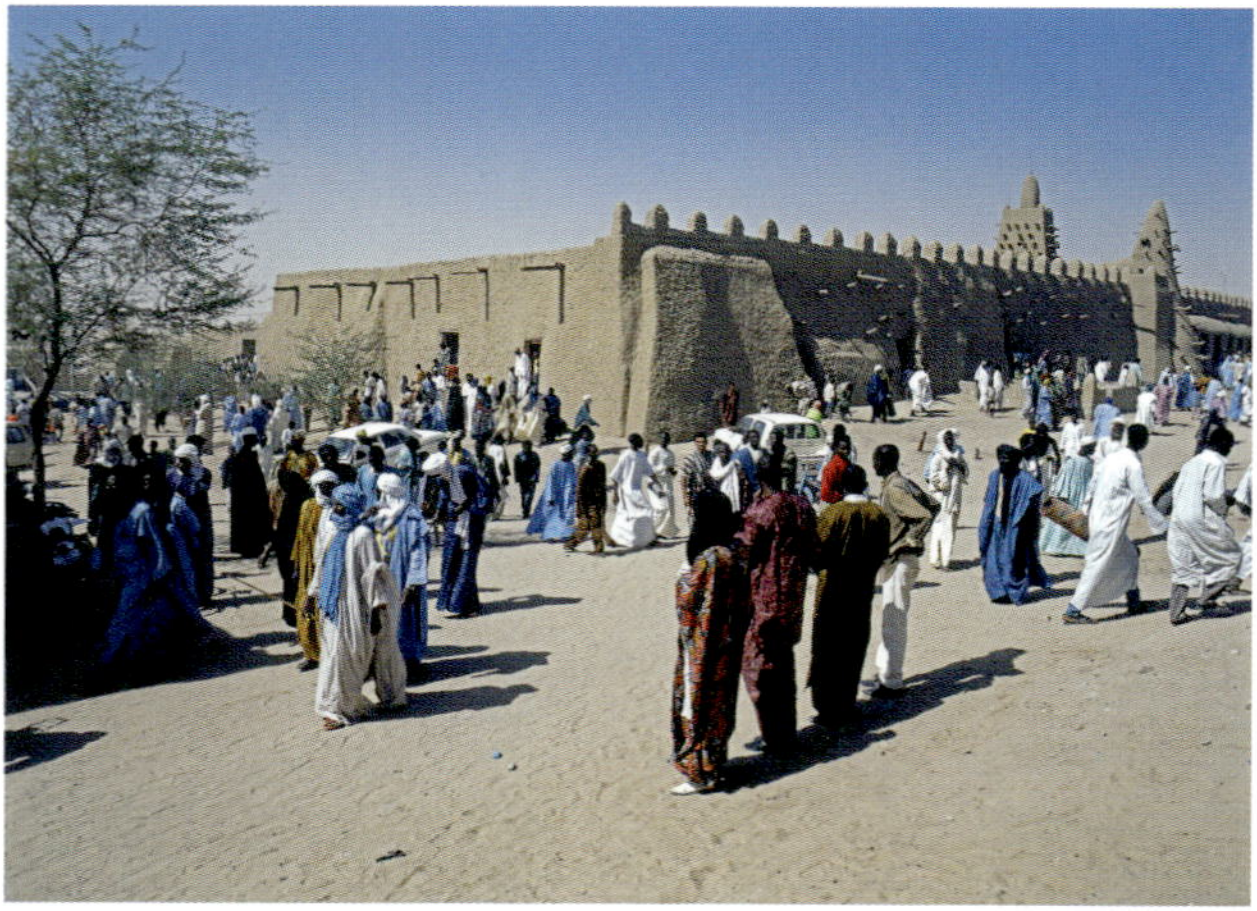
ジンガリベリ・モスクに礼拝に来たトンブクトゥの住民

トによる外国人誘拐と殺害、それに旱魃《かんばつ》と飢饉《ききん》が追い討ちをかけ、町は相変わらず呪われている。古の栄華の面影を敢《あ》えて探し出せば、世界文化遺産に登録された中のイスラム寺院ジンガリベリ・モスクとサンコレ・モスクの泥の塔で、朽ち果ててゆく町を見下ろし続けている。

砂漠化によって町が確実に砂に埋もれていく中で、一つだけ変わらないものがある。それはトンブクトゥの町が、サハラのタウデニ鉱山からキャラバンが運んで来る塩の集散地になっていることだ。今もサハラの塩は、海から遠く離れて暮らすアフリカ内陸部の人々の生活に欠かすことのできない大切な生活の基本物資である。同時に、タウデニの岩塩が赤痢から梅毒にまで効くという効能を人々は頑《かたく》なに信じている。

旅のガイド・アブドラ

町の中心にある古いホテルに滞在した。雨が降れば崩れてしまいそうな泥の建物の内部は薄暗く、幽霊の出そうな部屋が中央の吹き抜けを囲んで一〇室ほど向かい合って並んでいる。

夜になって、今回の旅のガイド・アブドラが突然部屋を訪ねて来た。私の到着が伝わっていたようだ。陸の孤島のような小さな町にその日の情報はすぐに広まってしまう。一年ぶりの再会で、まずお互いの健康を祝して手をとり、ハグを交わす。アブドラは相変わらず痩《や》せて青白く、握手した手は死人のように冷たい。

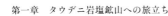

「あなたにアッラーの祝福と幸運がありますように。家族は元気ですか？ アッラーのご加護がありますように。お体に変わりはありませんか？ 仕事は順調でしたか？」

「ありがとう。すべて順調だよ」

「それはよかった。アッラーに感謝しましょう。アッラーは偉大なり。インシャーラ！（アッラーの御心のままに）」

彼らの社会では、長々と続く儀礼的な挨拶《あいさつ》が終わらないと話が始まらない。アブドラはサハラの先住民トゥアレグ族の貴族（支配者階級）出身で二七歳。日本の砂漠緑化団体が始めた植林事業で二年間働き、片言の英語と日本語を覚えたのがガイドの仕事をするきっかけとなった。そのときの仲間にソンガイ族のガイド・イッサとラクダ使いのアジィもいた。

私にとってトンブクトゥは、キャラバンと一緒にまだ見ぬ岩塩鉱山タウデニを旅する出発地だ。一九七〇年以来三三年間、その夢をかなえる場所としてずっと心の片隅に常に消えずに残っていた町。今回、四回目のトンブクトゥで、やっとその夢が実現しようとしている。

一年前、この町でキャラバンの情報を集めていた時に近づいて来たのがアブドラだった。カモにされてはたまらんと、やんわり断って避けていたが、朝昼晩どこにいても押しかけてくる。いつの間にか空気のような存在になっていた。

トゥアレグ族の心の奥はいつも読みづらい。アブドラも同じで、どこまでが本当で嘘《うそ》なのかわからない。しかもなぜか頼りないのだ。それでもキャラバンの話に真剣に乗ってきた。誰も金額の話など出さないのだが、一二〇万CFAフラン（CFAはアフリカ・フランス領植民地の略）、約二五万円という数字を出してきた。この数字にどれだけ根拠があるか知らないが、吹っかけた数字であることは間違いない。であるならば、キャラバンができると思った。私を入れて三人のスタッフとラクダ四頭、食料と水、ラクダの餌《えさ》などを揃《そろ》えた四〇日間のタウデニ往復の旅という条件で、準備するように前金を渡しておいたのだ。

アブドラに対する私の信頼は最初から低い。町で暮らすトゥアレグ族の貴族だが、戦士ではない。それでも彼と話を進めたのは、砂漠を知り尽くしているラクダ使いのアジィが同行するからだ。アジィは三五歳のアラブ系ベラビッシュ族で、以前は岩塩を運ぶキャラバン「アザライ」に従事していた。今は欧米人の求めに応じて砂漠の道案内をしている。フランス語を少し話せるが、残念ながら英語は話せない。英語を話すアブドラを窓口にしてこの旅を進めたのは、こうした経緯があった。塩の道とラクダに精通しているアジィとなら、ラクダでタウデニに行けると思ったからである。

翌日、ソンガイ族の観光ガイド・イッサの家にキャラバンに同行する三人が集まった。私とラクダ使いのアジィ（ベラビッシュ族）、コックと通訳を兼ねるアブドラ（トゥアレグ族）だ。カーペットを敷いた一二畳ほどの土間に車座になって、硬い表情で顔をつき合わせる。

トンブクトゥの住民は、彼ら三種族のいずれかに属している。三者三様、微妙な温度差がある。歴史を振り返れば、一度は町を支配した民族の末裔《まつえい》たちだ。いつの時代にもソンガイ族など黒人が町の住人の大半を占める。一方、アラブ系のベラビッシュ族とベルベル系のトゥアレグ族は、殺し合いの戦いを続けてきた宿敵同士。

トゥアレグ族のアブドラは、イッサの家に行くのを渋った。黒人のイッサから指図され、借りをつくるようなことが感情的に嫌なのだ。感情のもっと奥には、彼らが黒人を奴隷にして搾取し、略奪、虐殺の限りを尽くしてきた過去がある。しかし、かつての宗主国フランスがそうであったように、大きな取り決めをする時は契約書を交わすのが習慣だ。文字の書けないアブドラに代わって、イッサに旅の契約書の作成とその立ち会いをしてもらう必要がある。

私の強い希望で、アブドラとアジィの前で総額一五〇万CFAフランを立会人のイッサに預けた。日本円で三〇万円近いお金だ。無事生還したら、この金がアブドラとアジィに渡る。二人の取り分がいくらなのか契約書にはない。アブドラが請け負った仕事なので、二人の間で報酬の取り分はもう決まっているだろう。

三人の旅立ち

一二月八日、出発の朝が来た。七時、町の北端にあるアジィの家に集合する。四角い泥の家が密集していて、狭い通りの先はすぐ砂丘が迫っている。八時、アジィが、少しくたびれてはいるが大型のラクダ三頭を近くの溜《た》まり場から連れて来た。ラクダは町の中で飼育できない。不衛生で疫病が流行《はや》りやすいからだ。町に入ることも禁じられているが、北側はすぐ砂漠に突入している。塩を運ぶ業者も多く、荷物の積み下ろしの時だけこの決まりを無視している。

アジィが忙しく荷造りを始めた。ラクダは四頭必要なのだが、彼によれば使えそうなのは三頭だけで、残りの一頭は調子が良くないという。そのせいで荷物を減らさなければならなくなった。米四〇キロ、マカロニ二〇袋、スパゲティ二〇袋、乾パン一〇袋、砂糖三〇キロ、サラダオイル一〇リットル、ピーナッツ一〇キロ、乾燥ナツメヤシの実二〇キロ、緑茶四キロなどの食料品の中で、真っ先に減らされたのは私の飲料水だ。二リットル入りペットボトル四八本が二四本に減ってしまった。

アジィの仲間が荷造りの手伝いに来てくれた。肝心のアブドラは、古タイヤでつくった柵《さく》に寄りかかって、ぼうっと作業を眺めている。これから始まる旅に恐れおののいて不安な気持ちに駆られているようだ。緊張をほぐすように声をかけた。

「アブドラ、君も手伝えば」

「ああ、いいんだ。俺の仕事じゃないから」

「ええっ！　どうして。アジィだけじゃ大変だよ」

「ああ、いいんだ。俺は食事をつくるのと通訳が仕事だから」

もっともな話だが、これにはびっくりした。この先、大丈夫だろうか。予備のラクダもなく、相棒は消えてなくなりそうに頼りない。数日前まであんなに熱心にタウデニの旅ができることを喜んでいたのに、今朝は「旅を中止したい」という顔になっている。この小舟のようなキャラバンは、タウデニまで辿り着けるのだろうか。

当初、アブドラとの約束では、アザライと一緒に出発することになっていた。しかし、それ

荷造りをするラクダ使いのアジィたち。手前が通訳兼コックのアブドラ

は無視されて、途中で探して合流するというまるで当てのない話になってしまった。広大なサハラ砂漠で、アザライという船団をどうやって見つけるというのだろう。アザライがどのようにしてタウデニまで行き、塩を持ち帰るのか、その全行程を記録するという私の旅の目的を理解していない。出発直前になって、アブドラには頼れないことがわかった。最悪の場合、途中で止《や》めるなんて言い出すかもしれない。

九時、アジィの仲間三人に町の外まで見送られ、タウデニ鉱山へ向けて出発した。それは往復一五〇〇キロ、四二日間かけた、我々を骨と皮だけにしてしまった厳しい旅の始まりだった。

町を一歩外に踏み出すと深い砂の海が広がっていた。まだ歩き慣れない砂に足をとられ、体力はすぐに消耗した。ラクダ使いのアジィに引かれた三頭のラクダが、しっかりした歩みで砂丘を進んでいる。その背中には目いっぱい荷物が積まれている。我々はこの三頭のラクダに命を託したのだ。ラクダのそばを歩きながら、やはり予備のラクダが一頭ほしいと思った。吹きぬける風とラクダが踏みしめる砂とポリタンクに入れた水の音以外、何も聞こえない。しーんと静まり返った大地は、地の果てに向かう言いようのない寂しさを感じさせた。

歩いている大地は、地図の上ではまだ「サヘル」と呼ばれる乾燥したサバンナ地帯だ。ところどころ灌木《かんぼく》や植物が花を咲かせ、群落をつくって公園のように見えるが、押し寄せる砂に埋まって、丘の起伏は立派な砂丘に変わっている。地球温暖化と砂漠化で、サハラの固定していた古い砂丘が動き出して町に襲いかかっているのだ。

一二時を過ぎて、気温が三〇度を超えた。カナトコ雲のように梢《こずえ》を横に広げたアカシアの木陰で、コックのアブドラが火を焚き、初めての昼食をつくった。スパゲティをゆで、慣れた手つきでサラダオイルとイワシの缶詰をからめて、手際良く料理をつくっていく。「自分の村に観光客を連れて行き、案内をしながら食事もつくっていたからだ」と得意気に話すアブドラに、内心ほっとする。一応、食事の方は任せられそうだ。

再び動き出すまで二時間、たっぷり昼休みをとった。初日とはいえ、まるでピクニックに来たような緊張感のない時間が過ぎていく。こんなにのんびりしていて本当にタウデニに到着できるのか、全く想像がつかない。

ラクダを座らせて初めてラクダに乗った。ほかの哺乳《ほにゆう》動物よりも脚の関節が一つ多いので、ラクダが立ち上がる時、二階から見下ろすような高さで前後に大きく揺さぶられた。ラクダの動きとは逆に体を動かさないと、反動で飛ばされてしまう。

ラクダの背中に毛布を敷き、コブと骨盤の間に腰を落とした。しがみつく鞍《くら》がないので、裸のラクダに乗っているのと同じだ。凄《すご》く不安定で心もとない。荷物は固定せず

目指す

に左右に吊り下げているだけで、バランスが崩れると落ちてしまう。二メートルの高さから荷物ごと落ちてしまったら無傷ではいられないだろう。最悪、首の骨を折って死ぬかもしれない。

そんな心配が実際に起きてしまった。アブドラが乗った白いラクダが、彼を振り落としてしまった。思いっきり砂に叩《たた》きつけられて、腕を擦り剥《む》いた。還暦目前の私なら、骨の一本や二本折れていたかもしれない。驚く私の顔を見ながら、アジィが哲学的な言葉を吐いた。

「ラクダはおとなしい時もあれば、不機嫌で意地悪な時もあります。そこは人間と同じで二つの心を持っているから、気をつけないといけませんよ」

トンブクトゥの町のすぐ外は砂漠。アジィが３頭のラクダを連れてタウデニを

いかにも砂漠を知り尽くした強者《つわもの》の言葉である。ラクダのとぼけた顔の裏に、やっぱり意地悪な心があった。

ラクダは楽だ？

サハラを北上する旅は、三時間歩いて一、二時間ラクダに乗る繰り返しを続けながら、次々と立ちはだかる砂の壁を越えては深い窪地《くぼち》に下りていく。ラクダの乗り降りは各人自由だが、乗りっぱなしでは腰を痛めてしまう。ラクダも慣れないと決して楽な乗り物ではない。「ラクダは楽だ」というダジャレを二人は知っていた。ニヤニヤ笑いながら、私の顔を覗《のぞ》き込む。緑化団体の日本人から覚えた数少ない日本語だ。

大地は、ラクダの餌になる植物が緑の絨毯《じゅうたん》となって美しく広がっている。針状の葉をもつタマリスクや、黄緑色の小さな花をつけたトウダイグサ科の植物。乾燥と暑さに強い、やせ細ったトゲのある草。そして灌木がまばらに生える森が点在する。クラム・クラムと呼ばれる植物は、無数の細かいトゲで我々の足元を突き刺し、歩行を邪魔する。ラクダの脚はトゲが刺さりにくいように体毛で覆われているが、アブドラはワンピースのようなブーブーの裾にいっぱいトゲが刺さって機嫌が悪い。私には彼が砂漠に生きるトゥアレグ族とは到底思えない。なぜか砂漠の大地を憎んでいるかのようだ。

足が鉛のように重い。深い砂の上を歩くのに慣れずに無駄な力がかかっている。タウデニから岩塩を積んできた一〇頭のラクダとすれ違った。長旅の汗の臭いを残していったアザライは、もうすぐ町なのに人もラクダもヘトヘトに疲れて元気がない。我々は彼らの進行を邪魔しないように道を譲った。これは塩の道のルールで、いずれ我々も同じ姿で帰って来るのだろう。

昼近く、アゴネギファルと呼ばれる最初の井戸に着いた。アジィと同じ遊牧民ベラビッシュ族の男たちが、たくさんのラクダに水を飲ませている。直径二メートル、深さ八〇メートルの井戸には複数のY字の股木が立てかけられて、股のところには滑車のついた棒が水平に渡してある。これを使ってロープに繋いだヤギ皮のバケツを井戸に落とし、ロープをラクダに引かせて水を汲《く》み上げる。

ドラム缶を半分に切った水槽に水を汲み入れると、ラクダたちは水の匂いに興奮した。冬のラクダの給水は一頭当たり一〇日ごとに三〇リットル。もっと暑くなると五日ごとに給水が必要になる。好きなだけ水を飲ませると一〇〇リットルも飲んでしまう。ラクダのコブには脂肪が蓄えられているが、この脂肪から体を動かすエネルギーと水がつくり出される。脂肪が消費されるとコブは小さく萎《しぼ》んでいく。水を飲むと再びコブの中に脂肪が蓄えられて、コブが膨らんでくる。だから、ラクダ市場ではコブが硬く大きいのが良いラクダの条件になっている。

アゴネギファルの井戸。ラクダに飲ませるため井戸から滑車で水を汲み上げる

アジィの妻がヤギの放牧生活をしているキャンプ地で朝を迎えた。アジィはヤギの放牧を妻に任せて、観光シーズンの冬、トンブクトゥの土の家で黒人のもう一人の妻と暮らし、旅行者に砂漠の道案内をする。道案内の往復で生活物資を持って立ち寄れるように、「塩の道」の近くにキャンプを張らせていた。

我々の野営地から北二〇〇メートルのところに家族のテントが見える。朝、家族と一夜を過ごしたアジィが、四歳から七歳の三人の子供たちと戻って来た。出発の荷造りをする父親のそばで、子供たちが「行かないで」と消え入るような声でつぶやく。それを無視して、アジィは足早に出発した。

家族のテントを遠巻きに通過してしばらく北進すると、アジィの妻がアカシアの木陰で見送っていた。子供たちにも決して振り向かなかったアジィが、ラクダの手綱をアブドラにあずけて妻のほうへ走り出した。戻って来るのは一か月以上先だ。今生《こんじょう》の別れのような切なさが漂ってくる。彼にとっても命懸けの旅なのかもしれない。

夕方、砂丘の陰から青いブーブーを着た中年の男が現れて、我々のラクダを止めた。いかにも怪しい。男はアジィと歩きながら熱心にしゃべり続ける。明らかに人に飢えていた。二日前にラクダに逃げられて着の身着のままだというこの男は、幸いアジィの知り合いだった。一八〇キロ先のアラワンのオアシスまで同行させてくれという。アラワンはアジィの生まれ故郷。三頭のラクダに四人がぶら下がることになった。やはり予備のラクダは絶対必要だ。

ラクダの調達

北に向かっていた我々は、午後になって西に東に進路を変えた。遊牧生活をしているアジィの親戚から予備のラクダを借りるため、彼らの居場所を探した。

遊牧のキャンプは常に移動しているので、探すのは容易でなかった。小高い砂丘の稜線《りょうせん》に立って、アジィが周囲の地平線を双眼鏡でなめるように白い天幕を探す。上ったり下ったりしながら砂漠を徘徊するのは大変なことだった。

アジィたちベラビッシュ族は、ヤギとラクダを放牧する遊牧民だ。同時に、タウデニの岩塩を運ぶアザライの仕事もする。盗賊が頻繁に出没していた時代には、キャラバンの護衛もしていた。

方々のキャンプを訪ねては情報をもらい、夕方ようやくアジィの親戚のキャンプ地に辿り着いた。だが、その手前二〇〇メートルのところでアジィに足止めされた。よそ者の不意の来客をキャンプに入れないというのはベラビッシュ族の習慣だ。騙《だま》し討ちや奇襲に繰り返し遭った過去の苦い経験から、頑なに用心深くなっていた。

やがてアジィが私をキャンプに誘った。ヤギを買わせるために。テント内は生活必需品があるだけで思いのほか広く、色彩豊かだった。砂の上に赤や黄色のカーペットを敷き、天幕の内張りにヤギの毛で織った冬用の布が張ってある。テントの主は穏やかな初老の男だった。

「よくいらっしゃいました。アッラーのお導きです。このお茶は旅の疲れを癒《い》やしてくれます」

そう言って、煮出した緑茶に砂糖とハッカを入れて振る舞ってくれた。

一頭のヤギを譲ってもらい、頭と内臓を食べた。ヤギ肉は唯一、我々の一週間分の蛋白源《たんぱくげん》である。昨日までアブドラがつくる食事には、残飯や段ボールを食べていた町のヤギ肉が使われていた。砂漠の草を食べている遊牧のヤギは臭みがなく、肉汁にバターの旨味が広がる。初めて本当のヤギ肉を味わった。

遊牧民の生活は一見、貧しく不便そうだが、実は自然の恵みをうまく利用したグルメな暮らしをしていることに気がついた。砂漠では人間が直接食べることができない植物でも、それを家畜が食べることで、間接的に肉やミルク、チーズやバターなどの乳製品として摂取することができる。たまに町の市場に出かけて家畜や乳製品を売り、代わりに穀物を手に入れる。同時に情報も交換する。遊牧という太古からの生活様式が途切れることなく続いているのは、彼ら遊牧民が大自然と共存して生きる素晴らしい知恵を身につけているからである。

お茶を振る舞ってくれたアジィの親戚

午前七時、干し草でつくった荷物用の鞍とロープだけを積んで、アジィの親戚のキャンプを出る。ここでラクダは手に入らず、北西一〇キロ先の砂漠に放牧してあるラクダを連れて行くことになった。我々は二手に分かれた。アジィと彼の友だちはラクダを探しに行き、私とアブドラは先を進んで、昼食をつくりながら彼らを待つことにした。

夕方、アジィたちと親戚の若者二人が八頭のラクダを連れて戻って来た。嬉《うれ》しいことに二頭のラクダを連れて行くことになった。これで厳しい砂漠の旅を何とか乗り切れそうな気がした。夕方の涼しい風に吹かれて、五頭のラクダが砂の大地をゆく。いかにも貧弱だったラクダの列が、いくらか見られるようになった。

砂に埋もれる古いオアシス――アラワン

アカシアの森林限界を越えた。風が砂を飛ばして吹きぬけてゆく。強い陽射《ひざ》しを遮る木陰はなく、じりじりと肌を焦がした。砂漠の真っ只中に突入したようだ。アカシアの代わりに、一メートルを超すススキに似たイネ科の植物アファゾン（トゥアレグ族の呼名）が多くなる。この草はラクダの餌になるだけでなく、荷物用の鞍やロープの材料にもなる。昼食はアファゾンの根元を風除《かぜよ》けにして火を焚いた。移動中は乾パンとお茶でいいのに、のんびり米を炊いたのに

昼食をつくるアブドラ。燃料はラクダの糞、コンソメスープに米を入れる

っている。塩の道は正面の砂丘へと続く

1000年も続くアラワンのオアシス。窓がない泥の家は西日を受けて静まりかえ

はびっくりしたが、炊いたご飯に多量の砂が入った。もう昨日までの遠足気分の楽しい昼食はない。厳しい砂漠の大地が少しずつ本性を現してきた。

私の乗ったラクダの足にアカシアのトゲが刺さり、右の後ろ脚を引きずった。ラクダの足裏は厚い皮膚に覆われているが、座布団のようにブヨブヨして軟らかい。アジィがトゲを抜き、タイヤのチューブでつくった靴を履かせた。傷口に黴菌《ばいきん》が入って化膿すると歩けなくなり、命取りになることもある。

新しいラクダはおとなしいが、大食で地面の草を食べながら歩くので、乗り心地が凄く悪い。乗るのを諦《あきら》めてラクダの脇を歩いていると、内股に大きなダニがたくさん寄生しているのがホクロのように見えた。昨夜、私の膝《ひざ》の上をそのダニが散歩していた。クモのように糸が付いているので、いくら掃《はら》っても戻って来る。クモが嫌いな私にとっては恐怖だ。草でラクダの内股のダニを落とし始めたら、アブドラが真面目な顔で文句を言った。

「そいつはラクダの友だちだから、そのままにしておかないと可哀《かわい》そうだよ」

「可哀そうなのは、ラクダ？　それともこの吸血鬼かい？」

「両方さ」

彼らトゥアレグ族は迷信深い。ダニを神の使いとでも思っているのかもしれない。

午後三時過ぎ、トンブクトゥから二七〇キロ地点にあるアラワンのオアシスに到着する。町を出発して八日目だった。

オアシスというと緑の楽園のような響きがある。谷間に広がるナツメヤシの森、水をたたえた池や沼、眩しい漆喰《しっくい》の白い家並み……。ほっとする癒やしの景観がイメージされるだろう。

しかし、塩の道のアラワンは深い砂に飲み込まれていた。吹き寄せる砂の進入を防ぐため、窓のない泥の家が点々と十数戸あるだけの、全く緑がない廃墟のような佇《たたず》まいだった。それでも、人々の水場を守る必死の努力で生活できる空間が保たれている。水さえ得られれば、そこはオアシス。渇ききった旅人からすれば楽園だ。

アラワンは、トンブクトゥよりも古いベラビッシュ族の故郷だ。同時に塩商人の村でもある。丘の麓《ふもと》にある水量の豊富な二つの井戸は、タウデニから塩を運ぶアザライにとって欠かせない水の補給地になっている。

アジィの姉の家に世話になる。彼女の夫と息子はタウデニ鉱山に塩を掘りに行って留守だった。家人に勧められるままにシャツと靴下の洗濯をしてもらい、井戸で一週間ぶりに頭を洗った。入口の左右に六畳ほどの細長い土間がある。我々の荷物を置いた左の土間が寝所になった。右の土間は食事やお茶の接待所になっていて、そこに村の住人が訪れた。

アジィの顔を立てて、世話になる家主にヤギを一頭振る舞うことにした。ヤギの差し入れで、接待所は急に賑《にぎ》やかになった。暗い土間に石油のランタンが灯《とも》され、得意げにしゃべるアジィの顔を活き活《い》きと照らし出す。町の話、今回の旅の話、タウデニの話などを、旧知の村人たちが興味津々に聞いている。コックのアブドラは通訳もせず、静かに黙っている。

ひとしきりアジィの話が済んだ頃、黒人の召使いがご飯と一緒に、ゆでたヤギの頭と肉をステンレスの大きな平皿に盛って運んで来た。一〇人近い男たちの胃袋には足りないが、肉汁のついたご飯に一切れの肉片を混ぜて、右手で軽快に口に運んだ。来客はご馳走《ちそう》にありつけたことと、アジィが持ってきた新しい町の情報に触れたことで十分満足していた。

夜、外に出ると、月に照らし出されたオアシスの北の空にWの形をしたカシオペヤ座が見えた。星座を右に辿ると、タウデニへの道標《みちしるべ》となる北極星が青白く瞬いていた。星が青く見える夜は気温が下がる。明日の朝は寒くなりそうだ。月明かりに北の地平線が砂丘の彼方に見える。あの地平線をどこまで進んだらタウデニに辿り着けるのだろう。明日からの厳しい旅を考えると、一瞬、背筋が震えた。

念願のアザライと出会う

翌朝八時、最後のオアシス・アラワンを五頭のラクダを連れて出発する。ここでも村の男三人が旅の無事を祈って途中まで見送ってくれた。総勢六人が横一線になってしばらく歩いた。

気がつくと別れの挨拶も言わず、一人消え、また一人消え去っていった。今度再びアラワンに戻るのは、早くとも三週間後。往復一〇〇〇キロの道のりだ。ここから先は、いかなる事故や病気も死に繋がる。

先頭を行くアジィの大きなラクダに、ヤギの足二本と半身の肉の塊がぶら下がっている。昨夜全部食べたものと思っていたが、四分の三を提供者に返す決まりになっているとアジィが教えてくれた。実際は半分しかないのだが。おかげでしばらくは肉入りの食事ができる。

アラワンを出ると、次の井戸まで六日かかる。距離を稼ぐために、昼食は乾パンとピーナッツと甘いデーツ（乾燥させたナツメヤシの実）を歩きながら食べた。

見渡す限りの砂砂漠だ。左前方に、砂丘群が山脈のようにどこまでも我々の移動と並行して続いている。風が幾何学模様を描く砂の大地に、コブのように砂が吹き溜まった場所がある。そこに、力尽きて無残に白骨をさらけ出したラクダの野ざらしがあった。その近くには、きれいに砂に洗われた人の頭蓋骨《ずがいこつ》もある。タウデニに行くという命懸けの旅が本当に始まったことをひしひしと感じた。

塩の道は人とラクダの屍《しかばね》を道標にして続いている。しかも数百年の時を重ねて続いてきた。かつて多くのキャラバンが金と奴隷を北へ、サハラの塩を南に運んでいた。当時、金より遥《はる》かに儲《もう》かる交易は奴隷貿易だった。忌まわしい交易の間、鎖で首を繋がれた何十万人という黒人

砂に洗われた人間の頭蓋骨が塩の道の道標となる

が、裸足で砂漠を越えて北へ引かれていった。一八〇五年の記録には、トンブクトゥからタウデニに向かっていた奴隷を連れた二〇〇〇人の隊商が不運にも遭難し、渇きで死んだという記録が残っている。それが、今歩いているこの塩の道だ。

数日前からホームシックにかかっているアブドラは、全く元気がない。今なら旅を投げ出して歩いて町に帰れると思っている。毎日「タウデニは遠い」とため息をついた。夕食の火を囲んで、アジィが投げかけた言葉が気にかかった。

「タウデニで誰か一人がダメになるだろう」

それは私なのかアブドラなのか。アジィの直感が当たらないことを祈りたい。

大きな砂丘を迂回《うかい》しながら下っていくと、

ワジ（干上がった川）の岸辺でアサリに似た貝殻の地層を見た。サハラが太古、海だった証だろうか。かつてこの場所は海水に満たされて、魚貝類が棲《す》んでいた。一億八〇〇〇万年前、陸続きだった北アメリカとアフリカ北西部が分かれて大西洋が生まれた時、サハラ砂漠一帯が海に沈んだと言われている。目指すタウデニの岩塩も、本を正せば太古の海の贈り物だ。

エジプトにあるバハレイヤ地方のオアシスの地下には、大昔、海だった時の海水が今も残っている。このオアシスでは、サハラの湿潤期に降った雨水が、地下に滲《し》み込んで化石水となって海水の上に滞留している。水は塩水よりも比重が軽いので上の層に溜まり、化石水がなくなると、しょっぱい海水が湧《わ》き出てオアシスは死んでしまう。この場所も化石水の下に太古の海水が眠っているだろうか。沈黙の大地を覆う貝殻に触れると、ひんやりして遥か昔の渚《なぎさ》が甦《よみがえ》ってきそうだ。

気温二五度、北北東の風を受けて気持ちよく砂の海をゆく。ラクダ使いのアジィが手綱を引き、私はラクダの脇を歩く。コックのアブドラは、最後尾でラクダを見張っていなければならないのに、遥か前方を勝手に進んでいる。後ろを振り返ると、ラクダが三頭しかいない。一列に繋いだロープが切れて、二頭のラクダがのんきに後方で止まっていた。

「あいつ（アブドラ）は観光客か！」

アジィが舌打ちしながら、小走りでラクダを連れ戻しに行った。

昼過ぎ、ラクダに乗る。今日はラクダを立たせたまま首に足をかけて背中によじ登った。いずれアザライと一緒に移動する時は、この乗り方が必要になる。懸垂で使うような腕力が要るが、首に足をかけるとラクダは嫌がって長い首を起こす。その反動を利用してコブの上に這《は》い上がる。降りる時は、ラクダの首にしがみついて着地すればいい。アジィたちはラクダの首と肩に手を掛けて降りていた。

ラクダを立たせたまま乗るいちばんの利点は、ラクダが立ち上がる時に振り落とされる危険がないことだ。慣れてくるとラクダと戯れている感覚だが、本当はノミとダニのいるゴワゴワした毛と愛想のない態度はあまり楽しくない。

夕方六時半、月明かりを頼りに草が生えた場所を見つけて、長い一日が終わった。万歩計は六万三八〇〇歩。五〇キロを優に超えた。ここはキャラバンが一度も野営したことのない場所なのか、燃料になるラクダの糞《ふん》が落ちていない。アブドラは枯れ草を集めて火を焚いた。火持ちは悪いが、何とかトマト味のパエリアができ上がり、我々はむさぼるように食べた。焚き火のそばに尻尾の長いトビネズミが遠慮がちに近づいて来た。皮袋に入った米の匂いに誘われて来たのだろうか。見上げれば、数日後に満月を迎える月が澄み切った夜空に輝いている。

珍しく朝七時に出発した。途中で二時間ほどラクダの餌にする草を刈るためだ。今日は昼頃にトンブクトゥとタウデニの中間地点を通過する。歩き始めて一時間が過ぎた頃、ラクダの荷具合を確かめるため後ろを振り返ると、地平線に黒い一団が砂煙を上げて迫ってくるのが見えた。毎日五頭のラクダでのんびり移動していたので、盗賊の襲撃が一瞬脳裏をかすめた。

遠目の利くアジィが、「五〇頭ほどのアザライだ」と言って様子を探りに出かけた。砂の海を移動するたくさんのラクダが、朝の逆光の中で地平線に盛り上がって見えた。それは何もない大地に突如押し寄せた巨大なタンカーのような黒い塊だった。私とアブドラは満面の笑みで握手を交わした。アザライと合流するという最初の目的が一〇日目でかなった瞬間だった。これがムスターファをリーダーとする四人のアザライとの出会いである。

昼近く、アザライは我々のキャラバンに合流した。アジィがラクダに乗った私を見上げて言った。

「彼らは知り合いだ。タウデニまで一緒に行くつもりだが、まだどうなるかはわからない」

「わからないとは、どういうことだ」

はっきりした返事を聞きたかったが、アジィは答えをぼかしてしまった。タウデニまで一緒に行動できるようアジィに念を押した。

「サラームアレクム（こんにちは）」

アブドラ（右端）

ラクダの上からアザライの隊員たちにイスラム風に挨拶すると、無言の鋭い視線だけが返ってくる。私はあまり歓迎されていないようだ。

どの程度の知り合いかわからないが、これまで会った人すべてがアジィの知人である。この世界は狭いのかもしれないが、逆に彼の顔の広さを再認識させられた。一緒にタウデニ鉱山まで行くには顔見知りの方がいいに決まっている。

四列に並んで起伏の激しい砂丘地帯を越えると、草のまばらに生えた低地に下っていく。アジィとアザライの隊員たちが、一〇分近くラクダを止めて話し込んでいる。今日の野営地が決まったのか、進路を左に九〇度変えて西に歩き出した。砂の大地は

アザライに合流。４列になって西の草刈り場に向かう。右側の二人はアジィと

さらにゆるい下りになって、イネ科の草がたくさん生えた窪地でキャラバンは止まった。早めの野営は、ラクダの餌にする草アファゾンを刈るためだった。ここから先は草が少ない。タウデニまでまだ四〇〇キロある。その往復の草を今日と明日の二日がかりで刈ることになった。

夜、アザライと一緒に行く、行かないで揉めた。アジィとアブドラは先に出発したがった。特にアブドラは、あらゆる不都合を持ち出して、先に行くことを強く主張した。

「アザライはラクダの餌を節約するため、草のある場所を探し、食わせながら行くので、タウデニに着くのが遅くなる」

「アザライと一緒に行くと、お茶や砂糖をもらいに来るので困る」

「アジィはラクダの荷下ろしを手伝わなければならない。そんなの彼はしたくないよ」

黙って聞いていると、この旅の主役はアブドラのようだ。出発前から言い続けてきた私の旅の目的が、アザライと一緒の旅であることを相変わらず理解しようとしない。いや忘れているのかもしれない。思わず声を荒らげてしまった。

「これは私のキャラバンだ。だからアザライが行くなら我々も行く。アザライが止まれば我々も止まる。私の旅の目的は、アザライと一緒に旅することだよ。それは何度も今まで話していることじゃないか」

二人は黙ってしまった。私の口からそんな言葉が出るとは思ってもみなかったらしい。我々の仲は、微妙な力関係の上に成り立っていた。パトロンである私が弱気を見せれば、仲間の二人は自分たちの都合の良い旅をやりたがる。それは一日でも早くタウデニに行って町に帰る旅だ。どうせ私が途中で弱音を吐き、自分たちの言いなりになると思っているようだ。この旅を一日でも早くさっさと終わらせたいのだ。

アジィにお金を持たせてアザライのキャンプに行かせた。タウデニまで一緒に行くということで八万ＣＦＡフラン（約一万六〇〇〇円）の謝礼。アジィがそのなかから口利き代を取るかどうかは彼次第。これからも何度か謝礼の渡し役になる。そのたびに役得があるなら、アジィにとってもおいしい話だ。もし帰りも一緒なら、また同じく謝礼をしなければならないだろう。しかし復路も一緒というのは難しいらしい。大切な塩を積んだラクダと一緒によそ者が旅することを、アザライは極端に嫌うからだ。それは、ラクダが神経質で、家畜といっても半分野生動物だからである。しかも、塩を手に入れるためにタウデニで何日待つのかもわからない。私は一向に構わないが、二人は我慢できるだろうか。別のアザライを勧めるかもしれない。

ムスターファたちアザライ四人はみな親戚縁者だ。それぞれラクダを借り集め、持ち寄って、五二頭のキャラバンを編成している。この数は今では標準的な規模だが、昔の記録には「一万数千のラクダの群れ」などと書かれている。誇張された数だとしても、かつてこの塩の道を大キャラバンが行き交ったのは事実である。キャラバンが巨大になったのは、盗賊の襲撃から身を守るためだ。

現在でもトゥアレグ族のアザライは、三〇〇頭を超えるラクダで構成されている。これは、かつてトゥアレグ族が略奪の限りを尽くしたので、アラブの部族から仕返しされることをいまだに恐れているからだ。

丸一日かけて草を刈るので、のんびりした朝を迎えている。アザライとアジィたちは、長いロープを持って草を刈りに出かけていて、野営地には誰もいない。

総勢六〇頭近いラクダの餌二〇日分を今日中に確保できるかどうかは厳しい。それは重さ六〇キロ、直径一メートルの草束にして四〇個。大変な量だ。昨日からまだ一〇束しか確保していない。ラクダの餌になる植物アファゾンはアシのように茎が硬く、鍬《くわ》を振り下ろして根元を刈り取るのだが、このとき鋭く細かいトゲが容赦なく手につき刺さる。アザライの隊員にとっては大変な作業だが、植物の必死の抵抗は、生き延びようとする植物の進化の姿である。

砂漠は生き物にとって水が乏しい土地だ。動物のように移動できない植物は、一度根を下ろすと、水を得るための様々な工夫をしながら生き続けなければならない。アファゾンのような植物は、地下水を吸い上げるために地中深く長い根を伸ばす。

サボテンのような植物は、浅い根を広く張り巡らせて、夜間の冷え込みで霧や露になる空気中のわずかな水分を吸い上げている。さらに水分を蒸発させないように、葉の表面がロウ物質で被《おお》われた肉厚の葉を持つもの、葉が細長くヒゲやトゲのようになっているものもある。トゲには植物を食べる動物を寄せ付けない効果もある。これらは砂漠の厳しい環境に耐えられるように進化した結果なのだ。

アザライの隊員たちは一日中草を刈り、二人がかりでぎゅうぎゅうに縛りあげた束をラクダで運ぶ作業を続けた。夜九時、満月に近い月明かりの下を、たくさんのラクダが最後の草を積んで野営地に戻って来た。目標の四〇束はあるのだろうか。アザライの野営地を砦《とりで》のように囲

ラクダの餌になる草アファゾンを刈るアザライの隊員、モハメッド

む草の束が焚き火の灯《あか》りに反射して、一〇〇メートル離れた我々のキャンプからも見えた。

アザライとの旅

西に大きく傾いた月が足元を照らし、東の空には金星が輝く。北極星を確認しながら北に進む。草束を積むのに時間がかかり、五七頭のラクダが勢揃《せいぞろ》いして歩き出したのは午前四時を過ぎていた。五頭だったラクダが三列一〇〇メートル近い長さになっている。待ち望んだアザライとの旅。コックのアブドラが笑顔で朝の挨拶をした。

「おはよう！　アザライと一緒になれてよかった。今朝の気分はいかがですか？」

「ああ、気分いいよ。やっと合流できたからね。アブドラ、このラクダの列、凄い眺めだね」

「そうだね。昨日までとは違いますね。あなたが喜んでいるのなら、私も嬉しい」

どうやらホームシックから少し抜け出したようだ。

ムスターファは、私が彼らのラクダの隊列を乱してしまうと神経を尖《とが》らせた。アザライのラクダは、私がそばにいると興奮して暴れてしまう。彼らと服装が違うだけでラクダは警戒し、ストレスを感じるらしい。アジィは、アザライのラクダに三日間近づかないよう私に注文を出した。それは、四日目くらいからラクダが慣れてくるということだろうか。我々のラクダも興奮していた。たくさんのラクダにまだ慣れていない。

キャラバンはゆっくり進んでいる。車のエンジンのようにラクダが順調に歩き出すまでには、少し時間がかかる。ラクダは、前のラクダの尻尾に後ろのラクダの下あごから伸びるロープが結ばれて数珠繋ぎにされている。歩調が合わないと尻尾に結んだロープが抜け落ちたり、弛《たる》みの原因になり、ラクダの足に絡まって隊列が乱れる。

我々のラクダは四歳以上の大人のラクダだが、ムスターファたちのラクダは大人もいるものの、二、三歳の若いラクダが多い。先頭の大人のラクダが大股で歩くと、真ん中に繋いでいる若いラクダはついていけないことがある。そのときもロープが切れる。ラクダは疲れるとロープが切れたところで止まってしまう。気づかないでいると一キロ以上離れてしまうことがあり、連れ戻すのに丸一日時間を無駄にすることさえある。そのため最後尾に見張りを置き、常に数珠繋ぎにされたラクダの長い列をくぐりながら行ったり来たりして、一頭一頭、ラクダの繋ぎ具合と積み荷を点検する。傾いていれば頭や肩で荷物を押し上げた。

この大変な体力を必要とする見張りの役目は、若いモハメッドとリーダーのムスターファに任されていた。ムスターファは四四歳の小柄な男だが、厚い胸板の筋肉マンだ。

月と交代に太陽が昇ってきた。朝日が砂の風紋を金色に染めて、デフォルメされたラクダの影が妖《あや》しく躍っている。朝日の中に北進するキャラバンを入れてシャッターを押し続けた。ラ

夜明けのキャラバン。7時近くに太陽が昇ってくる

クダの足からこぼれる黄金の光が、キャラバンをシルエットにして浮かび上がらせた。これから毎朝見る光景だが、やはりアザライとの初日は興奮する。私が思い描いた早朝のキャラバン。そのロマンとドラマを、ファインダーを通してシャッターで切り撮っていく。この旅はうまくいきそうな気がする。

静寂と無が支配する三六〇度真っ平らな砂砂漠に突入した。トラブ・エス・サハラ――「何もない土地」だ。どこまでも柔らかい砂の海が続く。北の地平線を見つめながら、ただ歩いた。心が無になっていくような気がする。地平線をじっと見ていると、地球の丸みを感じた。前進するだけで旅の目的がかなう心地良さを感じた。静まり返った砂漠は、哲学の海、迷いの海、観念の海。その先に夢にまで見たタウデニがある。

砂漠の大地には、もはや一本の草も見当たらない。腹を空かせたラクダが長い首を回して、自分の背中に積んだ草を食べようとして怒られ、口に砂を放り込まれた。ラクダにとってこれはつらい体罰だ。

アブドラが石斧《いしおの》を拾った。乾燥しきった砂漠に石器など思いもよらぬことだが、よく注意して砂の大地に目を凝らすと、大小様々な石器が塩の道に落ちている。平らな砂の海では、厚さ二〇センチの石を遠くから見ると一メートルほどの大きな岩に見えてくる。だから石器は簡単に見つけることができる。アブドラのポケットからは、ギザギザの刃の付いたヤジリ、石のナ

砂漠に落ちていたヤジリ。大きさは約3センチ

イフ、首飾りに使った石球など、魔法のようにたくさんの石器が出てくるので驚いた。私も地平線を見るのを止めて、下を向いて歩き出す。無我の境地が急に生臭くなってしまった。

砂に埋まっているたくさんの石器は、かつて緑地だったサハラで人々が暮らしていた証である。「サハラ」というアラビア語には「不毛の土地」という意味がある。しかし、サハラはずっと砂漠だったわけでなく、気候は過去に何度も繰り返し変化していた。

地球の長い時間の中では、大きな氷河期が何度かあった。今から二五〇〇万年前に新たな氷河期が始まり、以降、氷河が拡大する寒い気候の「氷期」と、氷河が縮小する暖かい気候の「間氷期」が周期的に繰り返されている。

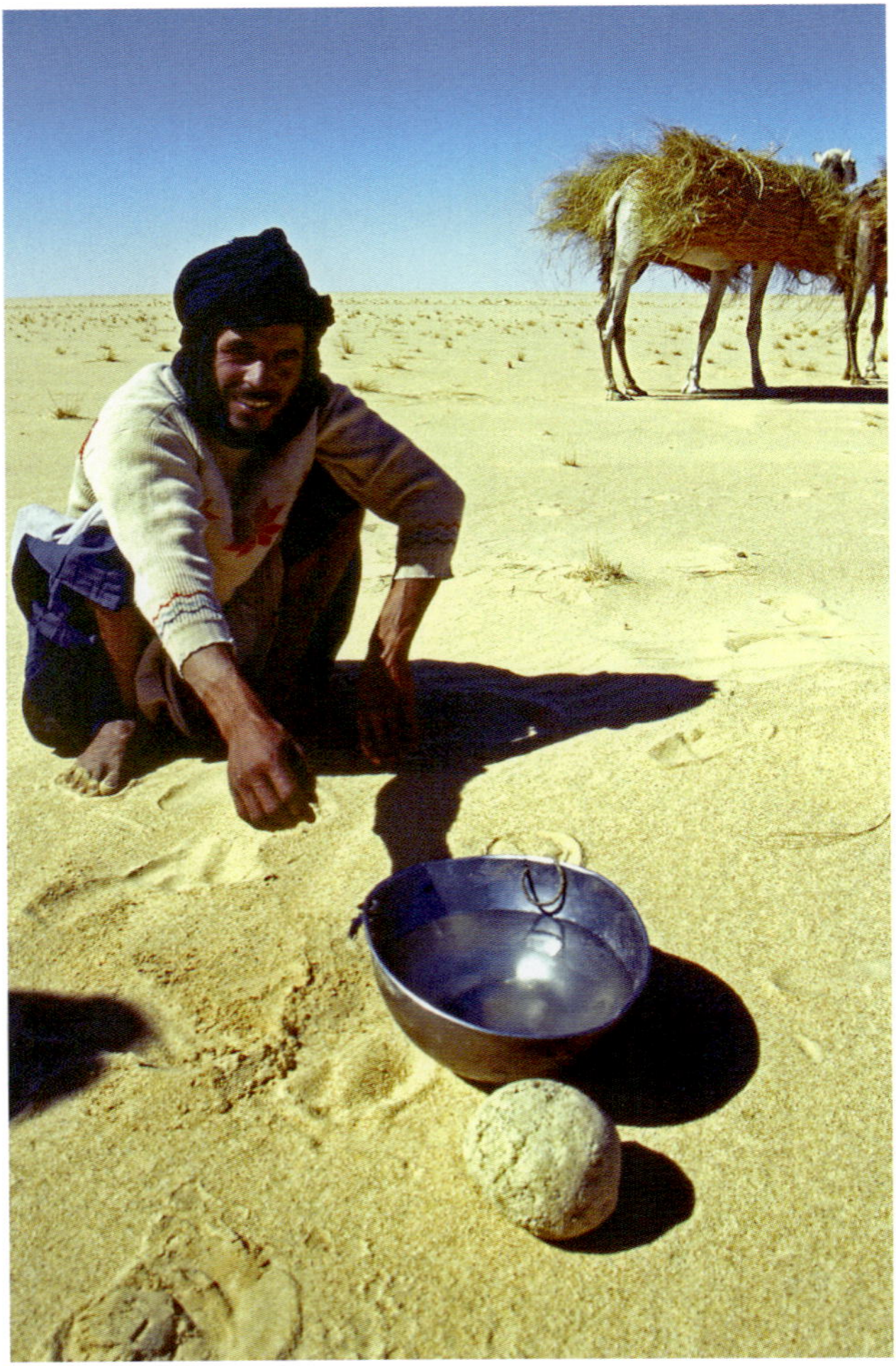

雑穀をついて水で固めたランチボール。昼食はこれを水に溶いて、「ドルノ」と呼ばれる流動食にする

地球の極地を中心とした氷河の拡大と縮小は、極地を取り巻く冷たい空気に影響を与える。さらにその影響は地球を対流する大気の輪に及び、乾燥地帯の位置も変えてしまう。大陸の氷河の拡大がピークに達したのは今から約二万年前。その後、一万三〇〇〇年前にかけて、乾燥した地域は現在のサハラを越えて赤道辺りまで広がった。

氷期が終わる一万二〇〇〇年前から間氷期に移る五〇〇〇年前にかけて、サハラ一帯は急速に雨の多い気候に変わっていく。この期間、サハラは緑に覆われて、石器を使った先史時代の人たちが暮らしていた。彼らがサハラ各地の岩山に描き残した絵を辿ると、その時代の気候や環境を知ることができる。大型動物の生き生きとした絵からはサハラに森や草原が広がっていたこと、狩猟や牧畜の絵からはサハラが草地になったことがわかる。また約二〇〇〇年前に描かれたラクダの絵からは、乾燥が進んで砂漠になっていたことがわかる。

昼食の時間になった。ハンドボールの大きさに丸めた穀物の粉をステンレスの容器に入れて水に戻し、全員でそのまま回し飲みにする。「ドルノ」と呼ぶこの流動食を一口食べてみた。粗くつぶしたトウジンビエの中に、ヤギのチーズを入れて砂糖と岩塩で味付けされている。美《う》味《ま》くもないが不味《まず》くもない。悪く言えば鳥の餌だ。お腹を壊すから食べないほうがいいとアジィは反対したが、よく嚙《か》めば食べられる。チーズの乳酸菌のせいか甘酸っぱい味がした。

大砂丘を越える

早朝の冷たい空気を切り裂いて、アザライのラクダが積み荷を嫌って号泣している。毎朝のことながら、野営の窪地によく響く。歩き始めるとアザライの隊員たちが唄《うた》い出した。ラクダが喜ぶからというその唄はなぜか日本の馬子唄《まごうた》に似て、しっとりラクダに語りかける。

今日は大きな砂丘を通過するので、撮影に備えて重装備だ。ベストのポケットは、フイルムや交換レンズのほかにピーナッツ、ナツメヤシの実、三角チーズ、サラミなど自前の非常食ではちきれんばかりに膨らんでいる。肩にカメラ二台の入ったバッグをぶら下げ、三脚を背負うと、その重さで砂の中に足がめり込んでいく。アブドラがアルカイダの戦士だとはやし立てた。アザライの隊員

波打つ砂の大海原

たちもそんな眼で私を見ている。サハラの男たちにとってアルカイダは仲間だ。ビン・ラディンは彼らの英雄になっていた。

午前七時、朝日を浴びて砂丘地帯に入る。波打つ巨大な砂丘はまさに砂の大海原。高度を上げると砂丘の凸凹がヒマラヤの山並を想起させ、前進すると浮かび上がっては消えていく。

隊列が突然止まって動かなくなった。隊に緊張が走る。砂丘の山と谷を縫うように進んでいたが、ラクダの列が砂丘の深い砂の斜面を登れないで立ち往生している。とうとう砂の壁につかまってしまったのだ。砂丘越えはラクダの隊列がいちばん乱れやすい。コース取りを間違えて、下手に斜面を下れば、深い砂の穴につかまってアリ地獄のように抜け出せなくなる。進路を確かめるために、若いモハメッドが砂丘の上に駆け登った。どの砂丘を越えるか様子を見に、ラクダ使いのアジィも後に続いた。

一列になったラクダが低い砂丘を選んで尾根に出た。尾根の反対斜面は傾斜が急で、常に砂が崩れ落ちている。峠のような鞍部《あんぶ》を探してしばらく進んだ。尾根の一部には、ところどころカミソリのように鋭く尖った不安定な場所が隠れている。十分注意を払っていたにもかかわらず、一頭のラクダが足を踏みはずし、斜面を転げ落ちた。そのあおりで、後ろのラクダが一斉に暴走し、ラクダの列を繋いだロープがばらばらに切れてしまった。散乱した草束とラクダを集めて荷物を積み直し、再び動き出すまで四〇分近い時間がかかった。

三つの大砂丘を越えると、砂漠は再び平らな砂の大地に戻っていく。砂漠は砂砂漠そのもののように思われているが、実際、そんな砂漠は稀《まれ》だ。世界一広いサハラ砂漠でも砂砂漠は全体の一〇パーセント以下で、大部分は岩や礫《れき》に覆われた大地が広がっている。砂丘は長い時間のうちに形を変えながらゆっくり移動している。基本的に風上側の傾斜は緩やかで、砂が風で運び上げられる風下側は急斜面で常に砂が崩れていく。この繰り返しが砂丘の移動に繋がっている。まさに砂丘は生きている。

しかし、高さ一〇〇メートルを超える大砂丘となると話は別だ。砂山の尾根が枝のように四方八方に伸びて移動しない。上から見ると星形だ。風の吹く方向がバラバラなため、このような形になるのだが、アザライの良い目印になっている。アジィの頭の中には、タウデニまでのすべての星形砂丘が符号のように記憶されている。

夕方、フォウム・エル・アルバ峠を越えた。峠はタウデニに到る第一通過地点。別名「砂丘の門」。流砂の難所を越えたのだ。砂漠は砂から岩の大地に変わって、徐々に高度を上げた。

キャラバンのお茶会

早朝、外は明るく満月が輝き、寝る前に東にあったオリオン座が西に傾いていた。テントの中は気温一二度、外は風が吹いて一〇度。オリオン座のベテルギウスとおおいぬ座のシリウスとこいぬ座のプロキオンがつくる「冬の大三角形」が西の地平線に沈みつつある。

月光に照らし出された砂砂漠は、ミルクを流したような乳白色の薄い靄《もや》に包まれている。夜の冷気が大地から熱を奪って地表付近に霧をつくり、月の光に反射して白く見えた。静寂の中でラクダがのどを震わせてしわがれた音を出す。胃袋から餌を戻し反芻《はんすう》しながら眠っている。

北斗七星がヒシャクを返して真上に横たわり、北極星を優しく包み込み始めた。キャラバンはゆっくり動き出した。砂漠の砂は雪のように冷たい。アジィたちもアザライの隊員たちも全員スニーカーを履いている。普段は裸足か三平《さんぺい》草履なのに、朝だけ靴を履く。足が冷えるといくら歩いても体が温かくならないからだ。それに岩場はサソリも多い。うっかり踏んで刺されることがあるから靴は欠かせない。

二列になったアザライの先頭を行くのはラミィとイブラヒム。三五歳のラミィはムスターファと組んでいるが、体の調子が悪いのか一日中ラクダの上にいる。列の右側を行く彼らのラクダは三四頭。四〇代のイブラヒムは一九歳の若いモハメッドと組んで、列の中央に一八頭のラクダを繋いでいる。アブドラが、たまにイブラヒムから頼まれてラクダを先導することがあるが、それを避けるように、アブドラはいつもキャラバンのそばにいない。その彼が今、イブラヒムの手綱を握って歩いている。

アブドラが引くラクダの列と、左側の三列目の我々のラクダがよくぶつかった。我々のラクダは、アザライのラクダに接近すると、積んでいる草をペンチのように頑丈な歯でむしって食べてしまう。移動中、猿轡《さるぐつわ》をされているアザライのラクダは一方的に食べられっぱなしだ。

アブドラに注意しても、間隔を広げようとしないところをみると、故意にラクダを接近させている。仇敵《きゆうてき》アラブ人の頼まれごとなどしたくないのだ。トゥアレグ族は伝統的に奴隷（今は召使い）を使っていて、自分のラクダに鞍を置くようなことさえめったにしない。だから、えらく誇りを傷つけられている。

一キロ先まで見えてしまう視力のいいアジィが、遠くの砂地に中華鍋のような鉄板を見つけた。拾ってくると、たくさんの穴が開いた携帯コンロだった。昼食が終わると、アジィがみんなに「お茶を飲もう」と呼びかけた。それを合図に、モハメッドが乾燥したラクダの糞を拾い集めて携帯コンロに火を焚いた。ムスターファがヤカンを取り出し、ラクダのお腹にぶら下げたトラックのタイヤのチューブでつくった水筒から水を汲んで来た。アジィがお茶の葉と砂糖を渡し、ラミィがオチョコのように小さいガラスのコップとお茶を煮出す急須のようなホウロウのポットを差し出す。これでお茶の準備ができた。

ポットにいっぱいになるまで茶葉を入れ、砲弾形に固めた二キロの砂糖をコップの底で叩き割って、適当な塊をポットに落として水を張った。火のついたラクダの糞の上にポットを載せて、歩きながら携帯コンロに風を送る。火は勢い良く燃えあがった。五分もすると沸騰した湯が火の中に噴きこぼれて、砂糖の焦げるカラメルの香りが風に乗って鼻を刺激した。思わず生《なま》唾《つば》を飲み込んだ。

今日のお茶会の主は、お茶と砂糖を提供したアジィだ。彼は歩きながら小さな銀盆の上にコップを載せて、沸騰したポットのお茶を注いだ。次にポットを銀盆に載せて、コップのお茶をポットに戻し、再度コップにお茶を入れる。今度は四〇センチほどの高さからコップにお茶を注いだ。できるだけコップの中のお茶が泡立つように。これを三回繰り返して、砂糖を追加しもう一度火にかけた。一滴もお茶をこぼさない手さばきに感心した。

アジィの最初の味見が終わると、人数分をうまく調節しながらコップに四、五杯のお茶が注がれる。ポットが空になると、水と砂糖を入れて二番茶、三番茶と煮出し、それぞれの味を楽

キャラバンの移動中、ラクダの糞を盛った携帯コンロでお茶を沸かす

しむ。最初のお茶は渋い刺激が体を走る。二回目の茶はたくさん砂糖を足して、お茶の旨味を楽しむ。三回目のお茶はハッカを入れて煮出し、香りを楽しむ最後の贅沢《ぜいたく》なお茶になる。

延々と二時間、移動しながらしゃべり、笑いのなかにお茶会が続いた。このときばかりは、全員先頭に来て横に並んで歩いた。単調な北への移動が、急に楽しい宴《うたげ》に変わる。アジィが一回だけ「少し飲むか」と、私にお茶を勧めてくれた。たくさん飲みたかったが、「少し」と言わざるを得ないほど、みんなお茶を飲みたそうな雰囲気だ。砂糖をガンガン入れて安い中国製の緑茶を煮詰めたお茶は、口の中がベタベタするほど甘い。彼らにとって砂糖はパワーの源であると信じて疑わない。

砂漠の中の井戸

夕方、六日ぶりに井戸に辿り着いた。真っ平らな砂の大地に直径二メートルの井戸がぽっかり口を開けているだけの殺風景な眺めのなかに、ミイラ化したラクダの野ざらしがたくさん転がっている。隊からはぐれたラクダは、半径二〇キロ以内に水場があれば、水の匂いをかぎつけて井戸まで来ることができるが、深い井戸から水を得るには人の助けがいる。不運にも無人の井戸では野たれ死ぬしかない。

アラワンとタウデニの間には三つの井戸がある。ここは二番目の井戸。一番目の井戸は水が腐って使えない。そのためタウデニを目指すアザライは、水不足の危険にさらされる。我々も草刈場で一日余分に過ごしたので、残っている水は私のミネラルウォーターだけ。あと半日遅れていたら貴重なこの水を提供しなければならなかった。

ここからタウデニまで五日の距離だ。アザライは水場近くの岩場に二束の草を置いた。これは彼らのラクダ一日分の餌で、帰りのために今日から毎日、野営地に置いていく。ほかのアザライがこの草を使うことはできない。それは掟《おきて》に等しい彼らの決まりである。

午前三時半、今までいちばん早い出発になった。塩の道最後の水場に辿り着くため、六〇キロ近い距離を進まなければならない。

気温七度。早朝なのに北風が強く、体感温度は二、三度低い。アブドラが寒さに震えて、もっと北に行けば氷点下になることもあるのかと、朝からずっと気にしている。氷点下になったら凍死するとでも思っているようだ。実際、凍死したという話も聞いたことがある。

砂漠では空気が乾燥しているので、なかなか雲が発生しない。そのため、昼間暖められた熱の九〇パーセントが夜間、上空に逃げてしまい、急激に気温が下がる。砂漠の放射冷却は決して油断できない。アジィは経験上、厚いウールのオーバーコートを持ってきているのに、アブドラの防寒具は保温性のないアクリルの毛布だけ。タウデニへの旅を本気で考えていたのかどうか疑いたくなる。そして、また「タウデニは遠い」と、うわ言のように言い出した。

月光に浮かぶ岩石砂漠を、北極星に導かれて進んだ。大小の石や岩で埋め尽くされた岩石砂漠は、侵食と風化作用でいろいろな地形がつくられている。昼間の強烈な太陽の熱と夜間の急激な気温の低下に晒《さら》される岩は、膨張と収縮を繰り返して割れていく。岩はいろいろな鉱物からできていて、熱を受けた時の膨張率がそれぞれ違う。そのため一日の気温差が激しい砂漠では、岩石内部の鉱物同士の結びつきが弱くなり、ぼろぼろに崩れていく。

まだ岩石砂漠が続く塩の道は、割れた岩が鋭く尖って地面を覆っている。落ちたら危ないので皆ラクダに乗らずに歩いた。

黒い玄武岩の岩石砂漠から再び砂の平原に戻ると、全員ラクダに飛び乗った。歩き始めて六時間、皆へとへとに疲れてラクダの上でうたた寝を始めた。アジィは姿勢を正して舟を漕いでいる。アザライの先頭を行くラミィは、ラクダのコブの間に正座して眠っている。後方のモハメッドは、コブの後ろに全部荷物を乗せて平らな空間をつくり、エビのように体を丸めて爆睡していた。アブドラは左右に体がぶれて、いつ落ちてもおかしくない危うさだ。真ん中の列を先導するイブラヒムも酩酊《めいてい》のような状態になっている。後方のムスターファだけは、相変わらずラクダの列に眼を光らせて駆けずり回っていた。

先頭の男たちが眠ってしまったので、ラクダの動きも迷走状態だ。ムスターファを除いて全員まどろみの中にあるが、私はと言えば、ラクダの上で居眠りなど自殺行為に等しいので、どんなに眠くても眠るわけにいかない。睡魔に襲われるとすぐ歩いた。不思議なもので、今ではいくらでも砂の上を歩けた。自然に足が前に出た。

午後、黄色だった砂が濃いオレンジ色になって、砂漠全体が赤い大地に変わってきた。赤い砂は砂岩や花崗岩などが風化してできたもので、赤サビの第二酸化鉄が砂粒の表面や割れ目に入り込んで赤い色に見える。砂を拡大してみると宝石のように美しく輝いているのは石英だ。石英は花崗岩の主要鉱物で、水や風に運ばれる間に角が丸みを帯びて粒になっている。

赤い地平線に山並が見えてくると、四方に散らばっていたキャラバンルートは、タウデニま

顕微鏡で見たガラス玉のような石英の砂粒

で続く一本の道になった。一点に集合する夥《おびただ》しいラクダの足跡が、砂の大地をびっしり埋めて北に延びている。その先に黒い線のように並んだ岩山の麓が、三番目の水場ビル・オウナンだ。

夕方、ビル・オウナンに着いた。覆い被さるような岩を背にして、タウデニから塩を運んで来た三つのグループが荷を解いて寛《くつろ》いでいた。後から来たタウデニへ向かう一団も、西端の岩場を背にして止まった。アザライは略奪者を警戒して見張りのきく斜面に野営する。ベラビッシュ族の言い伝えでは、ビル・オウナンでレギパット族の盗賊による虐殺があって以来、幽霊が大地を揺さぶり、死者の叫びと呻《うめ》き声が聞こえてくるという。

この水場から先は、海水のようにしょっぱ

い水が湧く井戸しかない。タウデニの水は下痢をするほど塩っ辛い。アザライは塩を積むと別れも言わず、その日のうちに逃げるようにタウデニを去っていくという。タウデニまであと二日半、距離にして一三〇キロ。アジィとアブドラは、仲良く協力して深さ二〇メートルの井戸にヤギ皮のバケツを投げ入れ、素手で一〇〇リットルの水を汲み上げた。

厳しく危険に満ちた砂漠

日が西に傾いた。イスラム教徒のアザライの隊員たちは、遥か東方のメッカに向かって礼拝するためキャラバンを止めた。アジィがコーランを朗誦《ろうしょう》して、ムスターファたちが素直に彼に従う。厳しい砂漠の旅では、祈りは唯一心の拠り所。彼らにとってサハラは、アッラーの思し召す心であり、広大な恵みの庭である。

「アッラー・アクバル！　アッラー・アクバル！　神は偉大なり。アッラーのほかに神はいない！」

一心にイスラム教の信仰告白を唱える男たちの声が、こだませずに乾いた空気に吸い取られて消えていく。アジィという人物は多彩な才能の持ち主だ。頭が良くて、商才に長《た》け、機転が利き、鉱山の塩の採掘もできる。砂漠に精通している上にイスラムの導師だ。それは砂漠で生きるすべてだ。ムスターファたちは庇《ひさし》を貸して母屋を取られた格好だが、みんな彼を尊敬している。どのアザライよりも砂漠のことを知っていると、アブドラも感心していた。

イスラム教は砂漠で生まれた世界宗教である。キリスト教やユダヤ教も同じ砂漠で生まれた世界宗教だ。三つの宗教の教義や祈り方はそれぞれ違っているが、みな一つの神だけを信仰する一神教だ。砂漠で生まれた三つの宗教が共通して一つの神だけを崇拝しているのは、砂漠で道に迷った時、旅人はどれか一つの道を選ばなければならないからだという。

ユダヤ教とキリスト教、二つの宗教を受け継ぎながら生まれたのがイスラム教だ。イスラム教の信者は、五つの行いを守らなければならない。「アッラーのほかに神はなし」と唱える信仰告白、一日五回の礼拝、断食、恵まれない人に施しをする喜捨、聖地メッカへの巡礼である。


ワジの中央で、たくさんのラクダを見た。草を求めて西の隣国モーリタニアからヤギとラクダの放牧に来た遊牧民のものだ。モーリタニアではラクダは食肉として飼育されている。その群れの中に、アジィが二年前に失《な》くした二頭のラクダを見つけた。偶然と言うほかないが、彼はいつも自分のラクダを捜していた。

自分のラクダは足跡でわかるとアジィは豪語する。ラクダの足裏には個体によって違う指紋のようなシワがあることを初めて知った。さらにラクダには所有者の焼き印が首や尻に押されている。耳の一部を切り削《そ》がれることもある。話し合いの末、この二頭のラクダを我々のキャ

毎日、東方のメッカに向かって行われるアザライの隊員たちの礼拝

ラバンに繋いだ。ラクダは七頭になった。もうどこから見ても立派なキャラバンだ。

道が狭くなり、キャラバンは一列になって進んだ。小石の多い道は、グランド・キャニオンのような侵食の激しい黒い岩の峡谷、クレナチチの低地に下りていく。ここはフォウム・エル・アルバに続きタウデニに向かう第二の通過地点だ。クレナチチは大地の割れ目から高原に抜け出す唯一のラクダ道だ。かつて隊商たちから「体に血液を満たす場所」と呼ばれ、澄んだ水の湧く穴がたくさんあった。

撮影のため先回りして卓状台地の崩れやすい塔のような山に登り、通過するムスターファたちを待った。立ち上がって谷を見下ろしていると、ラクダの長い列が眼下に近づいてくる。手

無数のラクダの足跡。400年以上、ラクダに踏み固められた塩の道が北に延びる

を振り、カメラを構えて待っていると、ムスターファが珍しく手を振って合図を返すのがファインダー越しに見えた。よく見ると血相を変えて「山から下りろ」と怒鳴っている。ラクダが怖がるにはまだ十分な距離がある。訳はわからないが動揺して慌てているので、一枚だけシャッターを押して山を滑り下りると、ムスターファが凄い剣幕で食ってかかってきた。

「お前は死にたいのか！　あんなことをしたら盗賊に見つかって襲撃されてしまう。あんたは知らないだろうが、奴らは岩陰や砂丘の合間から、常によそ者や旅人を探して襲う機会を窺《うかが》っているんだ。あんただけでなく我々も同じ危険に晒されることになる！」

ムスターファの眼には、招かざる客への怒りと焦りと後悔の念が滲《にじ》んでいた。ムスターファたちベラビッシュ族のアザライは、トゥアレグ族やレギバット族などの襲撃に数え切れないほど遭ってきた過去がある。略奪者はきまって高い岩や山の上から襲ってくるという。この峡谷自体が忌まわしい殺戮《さつりく》の場所でもあるのだ。私の行動は、まさにムスターファの脳裏に恐ろしい昔の出来事を甦らせたのである。私と彼との溝はさらに広がってしまった。

真夜中二時、夜景を撮るためテントの外に出た。気温は七度。下弦の月が頭上にある。ラクダを驚かせないように抜き足差し足で、背後に横たわる南の砂丘を登る。丘の上から北の方角が一望できる。ちょうど北極星の下に、起き出して焚き火を囲むアザライの野営地が見えた。五〇メートル離れた左に私の赤いテントもある。下弦の月が夜明け前の砂漠を青白く照らしている。その遥か向こうに、目的地タウデニが我々の到着を待っている。あと二日の距離だ。

歩き出して間もなく、塩を積んだアザライの大隊とすれ違った。早朝に出会ったのは初めてだ。息苦しい緊張が走った。道幅が狭く、ラクダとラクダが触れ合うほどの近さで行き交うのは危険すぎる。月明かりがあるとはいえ、夜間の出会いは最悪だ。誰一人声を出さず、お互い身構えながら無言で通り過ぎた。よそ者を敵視するのはアザライの常識。相手の顔の見えない夜は特に要注意なのだ。昔、一緒に旅したハウサ族のキャラバンは、一メートルの両刃の刀を腰やラクダにぶら下げていた。三〇年以上の歳月を経て、刀は必要としなくなったが、ムスターファたちもまだ護身用の短剣を腰に差している。

昼過ぎ、モハメッドがラクダを走らせ、先にタウデニに向かった。タウデニから来るアザライの情報では岩塩が足りないらしい。早く現地に行って、岩塩を確保しておきたいのだ。まだタウデニまで七〇キロ以上あるが、早駆けすれば半日の距離だ。

アザライをやってのけた凄いイタリア人

赤い砂の大地に荷を下ろした。わずかだがラクダに食べさせる緑の草が生えている。日没の残照が辺りをさらに赤く染めるのを待っていたかのように、アジィがステンレスの容器で砂地に深さ五〇センチの穴を掘った。彼は往路最後の野営地に水の入った二〇リットルのポリタンクを埋めた。これはタウデニからの帰りの水。水は見つけた者が飲んでいい決まりになっているから、隠す方も巧妙で、草束の中に隠すこともある。アジィは水を埋めた砂の上を草の束で掃いた。一分でも早く、塩っ辛いタウデニの水から解放されたい願いが水に込められていた。

往路最後の野営地で、水の入ったポリタンクを砂に埋めるアジィ

久しぶりに車座になって火を囲み、お茶を飲みながら三人で雑談した。アブドラが言った。

「毎日誰かが不機嫌になり、喧嘩《けんか》を売ったり買ったりしながらも、ここまで来られたのは良かった。これからも、この繰り返しで仲良くやろう」

常に問題を起こしているのはアブドラなのに。遠まわしで反省しているのかもしれない。私はアジィに聞きたいことがあった。

「アジィ、君は今までに外国人を何回タウデニに連れて来たの」

「どんな外国人?」

「私みたいなラクダで旅する外国人だよ」

「ああ、旅行者か！　いっぱいいるけど、ラクダでタウデニに行ったのは一回だよ。イタリア人だった。そいつは手持ちの金が少ないので、手伝うから一緒にタウデニから塩を運ぼうと話を持ちかけてきたんだ」

「それはアザライの仕事を彼がやるということなの？」

このイタリア人はうまいことを考えたものだ。彼は金がないというよりもアザライを体験してみたかったのだ。私も次はそうしたいと思った。

「イタリア人は俺の案内で、仲間三人とアラワンまで車でやって来たが、みんなアザライなどとんでもないと言って、トンブクトゥに帰ってしまったんだ。もちろん俺たちは一一頭のラクダを連れてタウデニを往復したさ。あいつは凄い奴だった。俺と同じものを食べ、同じものを飲み、荷造りからラクダの世話までした。俺のいい相棒だったよ」

「ほかのアザライとは一緒だったの？」

「いや、行きも帰りも俺たちだけさ。血縁がないとアザライは一緒に行動しないよ。だから、今ムスターファたちと一緒に旅しているなんてことは、初めてのことなんだ」

夜、お腹の具合が悪くてテントの外に出た。漆黒の闇に星が降るように瞬いている。手を伸ばせば届いてしまいそうだ。星座には詳しいほうだが、無数の光に全く星座の位置がわからない。頭上には冬の星座が輝いているはずなのに見つけ出すことができなかった。夜空を見ながら歩いてしまった。

用を足して立ち上がると、一瞬、はっとした。来た方角がわからない。懐中電灯もうっかり持ってきていない。砂の大地は常に波打っている。仮に懐中電灯で照らしても、距離があると野営地の窪地を直接照らすことはできない。アジィから、夜トイレに行く時は決して遠くに行くなと念を押されていた。ダークアウトで方向感覚をなくしてしまうからだ。

星明かりは微《かす》かに地面を照らすだけで、その先は何も見えない。さんざん歩き回った足跡がむなしく円を描いて元に戻ってくる。焦りながらも、これ以上動き回ってはダメだと自分に言い聞かせた。夜に徘徊する猛毒のツノマムシが襲ってくるかもしれない。いいや、踏んづけて咬《か》まれる危険性のほうが高い。ふと、今夜は月齢二二の月がそろそろ昇ってくることを思い出した。不気味な赤い光が地平線を染める方角が東になる。その方向に足跡を辿ればキャンプに辿り着けるし、月明かりで確認もできるかもしれない。

しばらくして、片眼を逆三角に吊り上げた恐ろしい形相の月が昇ってきた。深夜、昇ってくる下弦を過ぎた月を見るのは、いつも背筋が凍る思いがした。一つ目小僧のお化けを連想するからだ。しかし今夜は、その月がダークアウトから救ってくれた。

星降るサハラ砂漠の闇に浮かぶテント。オリオン座が東の空に昇る

第二章　タウデニ岩塩鉱山

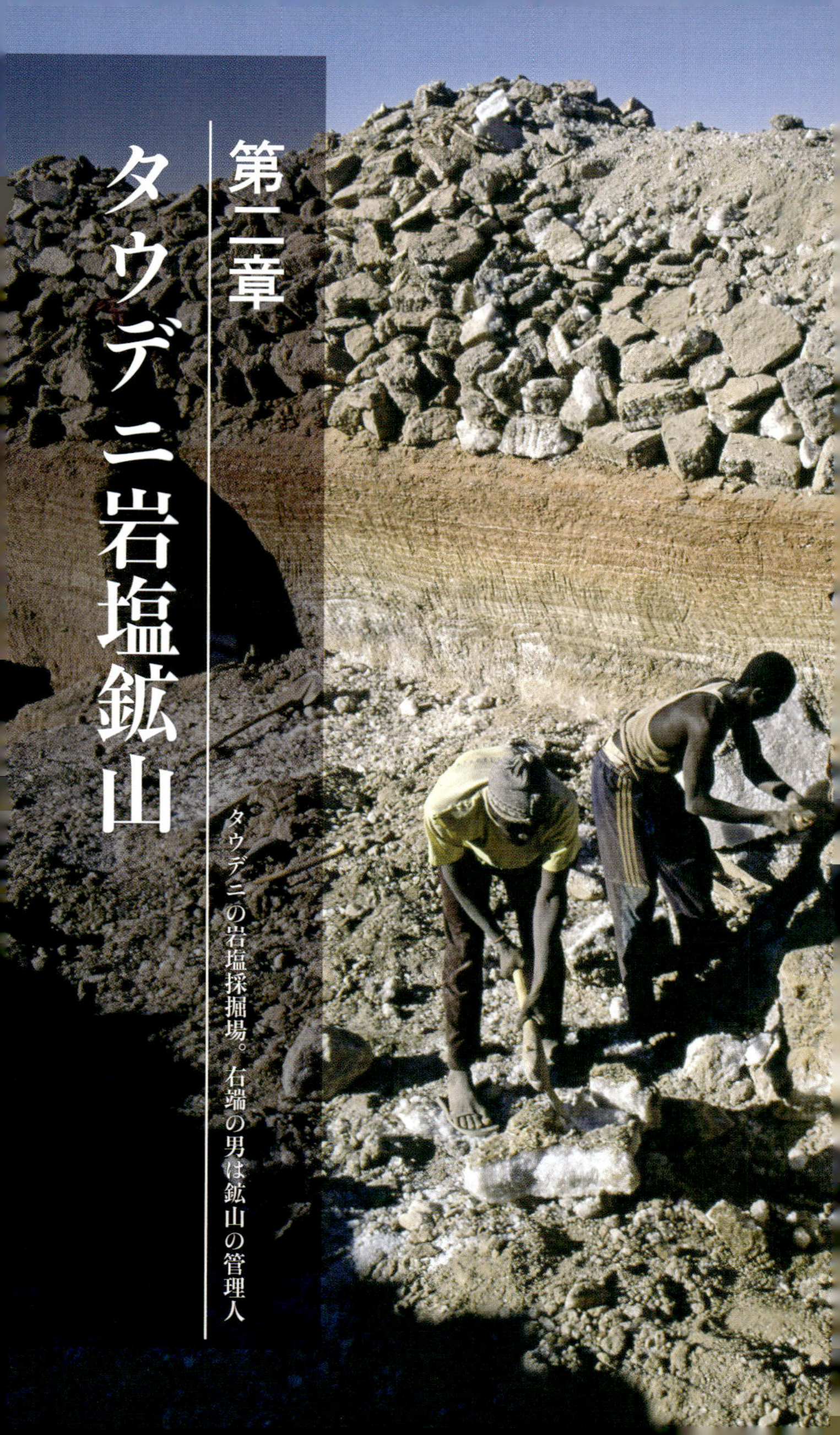

タウデニの岩塩採掘場。右端の男は鉱山の管理人

タウデニ到着

トンブクトゥを発《た》って一九日目の午後、砂丘を登って最後の峠を越えた。深い流砂の急な斜面を下っていくと、風に舞うダストで靄《もや》がかったタウデニの巨大な盆地が現れた。凸凹に波打った褐色のクレーターが眼下に広がる。荒々しい景観は地の果てそのもの。七五〇キロ、ついに辿《たど》り着いた。思わず叫んだ。

「やっと来たぞ！　タウデニー！」

感動が絶叫となって飛び出した。三三年間、夢にまで見たタウデニへの迸《ほとばし》る思いだった。

ここは一説には第四紀層（二五八万八〇〇〇年前〜現在）の干上がった塩湖の跡で、海抜二一九メートル、長いところで二〇キロ程の距離があり、周囲のテーブル状の岩山は、かつての湖の縁《ふち》のようだ。太古の湖底が憧《あこが》れのタウデニの大地だった。周囲の岩山の一つ一つを、焼きつけるように目で追いかけ、遠い昔の湖に思いを馳《は》せた。湿潤期には満々と水を湛《たた》えた青い湖。乾燥期には北極の氷原を思わせる白く結晶した塩の平原。南米ボリビアにあるウユニ湖の塩の大地を思い起こしながら、太古の塩湖タウデニを想像してみた。

盆地を取り囲む北東のハマダ・エル・ハリシャの峰々が、タウデニの荒々しい褐色の景観を強調している。しばらく立ち止まって、キャラバンが盆地に下りて行くのを眺めていた。いつ

太古の塩湖が干上がったタウデニ盆地の夕景

までもここにいたい気持ちを振り切って、斜面を駆け下りた。砂とは違う硬い灰色がかった土の大地に立つと、地割れした土の間から再結晶した白い塩が見えた。地下にまだ水がある。

キャラバンから一キロ近く離されてしまい、固い大地を走った。砂の抵抗がないので体が浮くように軽い。トランポリンで跳んでいるような快感は、砂の世界を一瞬忘れさせた。前方で、我々のキャラバンだけが私を待って止まっていた。アジィが厳しい顔で言った。

「タウデニでは襲われる危険があるから、離れちゃダメです」

アザライは先を進んで、立ち込める砂塵《さじん》の中にいる。我々は彼らと別行動をとることにした。私が一緒では、ムスターファたちが夕ウデニの男たちに襲われるという。私が彼らに大金を払ったと思われるからだ。タウデニは、金鉱のように一攫千金《いっかく》を夢見る生臭い場所だ。様々な事情を抱えた男たちや犯罪者が国中から集まり、身を寄せる場所でもあった。

行く手に水面のように波立つ蜃気楼《しんきろう》が見える。ここは盆地の底。風の通りが悪く暑い。フライパンの底にいるみたいな熱波を感じた。時折吹き抜ける風は、つむじ風となって地面の熱と埃《ほこり》を運んでくる。五〇度を超える日が半年近くも続く四月以降のタウデニはどうなるのか。ここで暮らす男たちの我慢は想像を絶する。

夕方、大地を掘り尽くした土石の山を通って集落に着いた。我々はアジィの知人の小屋の前でキャンプをした。ここは「アゴルゴット」と呼ばれる集落の入口で、奥に四〇〇年間、営々と掘り続けた塩のボタ山が大地をひっくり返したように広がっている。

その中に埋もれるようにして、塩のブロックを積み上げ、ラクダの皮を被せて屋根にした掘っ立て小屋が点在している。小屋の中は狭いうえに天井が低く、体を横にする空間しかない。床は砂地で、壁は黒く煤《すす》け、隙間《すきま》から入り込んだ砂が装飾のように降り積もっている。盗賊が頻繁に出没していた時代には、小屋は砦《とりで》を兼ねた半地下の洞窟のようなものだったというが、中の空間は当時と大して変わりがない。

小屋の入口はトタンと布で塞《ふさ》ぎ、水の入ったドラム缶が脇に置いてある。外で炊事やお茶を

タウデニの集落アゴルゴット。住居は、塩の混じった岩のブロックで積み上げたもの。室内は約150センチの高さしかなく立ち居ができない

飲んで寛《くつろ》げるように小屋の前はきれいな空間になっているが、小屋の裏側は糞便《ふんべん》の詰まった穴を囲んで、得体の知れない骨や干からびたヤギの皮、ぼろ布、壊れたプラスチックのバケツなどが散乱するゴミの山だ。羽音を立てて大きなハエが黒山のように群がっていた。

採掘の最盛期、アゴルゴットでは、様々な経歴を持つ四〇〇人近い男たちが生活している。しかし彼らが寝起きする小屋の数は、積み上げた土石にまじっていて見当もつかない。吹き抜ける風の音が人の気配を消し去っているのか、墓場のようなアゴルゴットの干からびた景観と静けさからは、何の潤いも生命の鼓動も感じることができない。一人の女も住まない潤いのないタウ

デニは、私にとって初めて見る世界であった。

岩塩の採掘場

「危険な連中が多いから一人歩きするな」とアジィから再三注意されていたので、朝八時、アブドラを連れて岩塩の採掘場に向かう。踏み固めた細い道が、廃墟《はいきょ》のような凸凹の空き地を抜けて迷路のように上がったり下ったり、縫うように続いている。岩くずを積み上げた小山と砂に半分埋もれた無数の穴は、捨てられた古い鉱区。穴からは卵が腐ったような悪臭が鼻を突いた。地下水が腐って硫化水素のようなガスが出ている。

通りを歩いていちばん驚くのはハエの数だ。私も同じだが、前を行くアブドラは、ミツバチが巣に群がるように背中が真っ黒になるほど無数のハエを背負って歩いている。寒さが苦手なハエは、汗をかいた人の背中が絶好の居場所なのだ。

タウデニの中央部に孤立した三角の山がある。その岩山が塩の鉱山だろうと思って近づくと、モグラのように地面を掘る男たちがいた。これが「中央鉱区」と呼ばれるタウデニ鉱山の塩の採掘場だった。

土石を積み上げたその下に縦穴が口を開けている。ツルハシを振り下ろし、四、五人で一か月かけて深さ三メートルに掘り下げた穴は、二〇坪ほどの広さがある。男たちの足の爪先から

タウデニ鉱山の岩塩層。白っぽいのが岩塩層で厚さ40センチ。赤褐色の地層は塩湖時代に溜まった沈殿物。その中の白い筋は石膏

岩塩だが、純度が低く塩の板にできずに捨ててある。小山の数だけ縦穴がある

タウデニの中央鉱区。縦穴の深さは約３メートル。周囲に積み上げた石はすべて

水晶のように透き通った岩塩

踵《かかと》までの長さを三〇倍にして一辺とする正方形に掘られている。しかし鉱区の地形や地下の岩塩層に合わせて長方形になることもあり、大きさは大小様々だ。

岩塩は地下に何層にも重なって埋もれている。穴の壁面には厚さ二〇センチ前後の塩の層が三本見えた。層と層の間に、たくさん筋状に走る白い線は、塩水の中で最初に結晶して沈殿する石膏《せっこう》だ。岩塩と石膏の隙間を埋めているのは赤褐色の粘土で、最後まで結晶しないで残る苦汁などのヘドロが詰まっている。塩水の湖底に溜《た》まる沈殿物だ。

三三年前、初めてタウデニの岩塩を見た時、どうしたら真っ平らな塩の板ができるのか想像もできなかった。太古の湖が干上がっていく過程で結晶した塩は、堆積していくと岩石状になる。しかも地殻の変動を全く受けていない若い地層は水平のままだ。世界の岩塩層の多くは地殻の変動で隆起して激しく傾いている。岩塩層が傾くと圧力がかかって厚さを増し、純度の高い岩塩ができる。岩塩は岩石よりも柔らかく、圧力によって柔軟に形が変わる。タウデニの岩塩は層が薄く純度は高くないが、場所によって大理石のように純白な岩塩も出る。

岩塩層の一部にできた空洞には、水晶のように透き通った結晶岩塩を見ることがある。この結晶は岩塩が溶けて、残された塩水がゆっくり再結晶したもので、太陽にかざすと太古の海から来た宝石のように光り輝いた。結晶を逆さまにすると、気泡が踊るように動いた。蒸発しきれず閉じ込められた水と気泡が残っている。この気泡を分析すれば、ひょっとしたら当時の気象データがわかるだろうか。太古のサハラをちょっぴり覗《のぞ》くことができるような気がした。

水の惑星・地球は、塩の惑星と言ってもよいほど、塩は広い地域にあまねく存在している。海水を蒸発させてつくる塩、死海など塩湖の塩水から取り出す塩、そして地中に埋蔵された岩塩がある。本を正せば、すべて海の贈り物だが、世界の塩生産の三分の二が岩塩である。岩塩の方が塩を得やすいからだ。

アルバという優しい男

採掘場の労働者に声をかけてみた。ある若い黒人の男は、六か月働いて、タクシーを始めるための中古車を買うのだと言った。塩水の湧《わ》く場所に案内してくれたアルバという中年の男が、一〇年近くタウデニで塩を掘っていると聞いて驚いた。タウデニの水を長く飲んでいると四、五年で死んでしまう者が多いなかで、一週間でもタウデニの塩水を飲みながらの生活は、言葉

タクシー稼業に使う中古車を買うために働く若い労働者

では言い尽くせぬつらさがある。これから砂嵐と熱風の季節を迎え、彼らはいったいどのように塩を掘り出し、生活していくのだろうか……。六か月で中古の車が買えるほどの稼ぎになるなら、タウデニの主みたいなアルバは大変なお金を稼いだことになる。

ところが、「金は食ってしまって持っていない」と言う。食った金とは、様々な事情で背負った借金だ。それがどれだけの金額なのか、直接聞くことはできなかったが、労働者の大半がこのような事情を持つ男たちだった。タウデニで働く労働者には、手軽に金を稼ぎに来た自由な労働者と、借金の形に強制的に送り込まれた男たちがいる。

何世紀にもわたって、西アフリカの内陸部に塩を供給してきたタウデニでは、最初の労働者が奴隷だった。奴隷制度がなくなっても、黒人労働者は捕虜と呼ばれて過酷《かこく》な労働に従事し続けた。フランスからの独立後も、長く続いた軍事政権がタウデニを政治犯の流刑地にして、囚人が地獄のような穴底で塩を掘ってきたのである。

五月から一〇月までタウデニは無人の土地になる。アザライも食料を補給するトラックも来ない。全員トンブクトゥに引きあげる。そんな凄《すさ》まじい塩の大地が、私が夢にまで見たタウデニだった。しかし、そんなタウデニにアルバ一人だけが居続けているという。砂嵐と熱風の猛暑の季節はどのように過ごすのか、ぜひ聞いてみたい。その彼が重い口を開いた。

「雨が降る時もあるので暑いのは別に問題にしません。それより、たった一人でいるのがたまらなくつらくなる……」

笑うことを忘れてしまった無口な男の言葉に、思わず泣けてしまった。人間は一人では生きられない。孤独は最大の苦痛なのだ。トゥアレグ族のアルバはアブドラの遠い親戚に当たる。アルバのことを夜、アブドラに尋ねると、詳しいことは言えないけれど、と前置きして話してくれた。

「彼はトンブクトゥの町で雑貨屋を開こうとして、ソンガイ族の金持ちから二〇〇〇万CFAフラン（約三八〇万円）を借りたんだ。その大金を、誰かが彼のテントに忍び込んで盗んでしまった。もちろん犯人は捕まっていない。貸した本人が仕掛けた犯行という噂《うわさ》もあるが、本当のことは誰もわからない。この借金が、一〇年間タウデニで塩を掘り続ける理由だよ」

その金持ちが怪しいかどうかわからないが、来年の三月で借金奉公が終わるという。

アルバは優しい男だった。アブドラたちが私を残して出かけると、労働者たちが手や足の傷口を見せて、薬を塗ってもらいに集まってくる。頭やお腹を押さえて病状を訴える者もいる。アフリカの奥地では、外国人はみな医者にされてしまう。そんなとき、どこで見ているのか、アルバは必ず私のそばにやって来た。労働者たちは彼を見ると、静かに去っていく。彼はただいるだけで何も言わず、何も頼まず、何もほしがらない。

「それはアルバが、あなたを護衛していたんですよ」

タウデニで10年近く働いているアルバ

犯罪者の多いタウデニでは、外国人が一人でいると襲われるので守っていたのだというアブドラの話を聞いて、眼光鋭く黙って座っていたアルバの頬《ほお》の落ちた顔が浮かんだ。人に騙《だま》されながらこんなに人に優しくなれる、岩窟王《がんくつおう》のような男がタウデニにいた。

夕方、アルバがテントの前にアカシアの薪を置いていった。タウデニでは入手困難な薪を、「夜は寒い」という身振りだけで、置いていった彼の優しさにまた泣けてしまった。

岩塩の採掘と報酬

次の朝も中央鉱区の縦穴を覗きながら歩いていると、珍しく一〇〇枚近い塩の板を並べた採掘場があった。穴の上から写真を撮りたいと声をかけてみた。チップをくれるならいいと言うので下りていくと、六人の男たちが働いていた。穴の中は塩の埃が絶えず漂って、話しかけると口の中にしょっぱい空気が入ってくる。

体格のがっしりしたソンガイ族の若者二人が、縦穴の底に当たる三番目の岩塩層を掘り出していた。小型のツルハシで塩床に約一二〇×六〇センチの大きさに溝を彫り込んで、岩塩を剝《は》がしていく。塩床の下は泥が堆積して、テコで持ち上げると岩塩は簡単に剝がれた。岩塩の大きさを測るのは、手と足だ。縦が足の大きさの四倍。横が大きく広げた掌《てのひら》の親指から小指までの二つ分。彼らの手と足は相当大きい。

重さ一〇〇キロ前後ある原石を塩の板に仕上げるのは、ベラビッシュ族とトゥアレグ族の職人たちだ。ツルハシで粘土などの不純物を切り落として、幅広の刃が付いたチョウナで丁寧に両面を削り、硬く結晶した岩塩の部分だけを残して塩の板にする。厚さが二〇センチ以上もあった原石は、人差し指の第二関節の長さ約四、五センチになるまで削られて、重さ三〇から三五キロの「バー」と呼ばれる塩の板になる。

岩塩が掘り出せるのは三層目までで、そこから下は、地下水が湧いてくる。三層目まで岩塩を掘りつくすと、岩塩層に沿って四つん這《ば》いになりながら横穴を掘っていく。横穴の岩塩を掘りつくせば、廃坑になる。現在は深さ三メートルまでの縦穴しか掘れないが、古い文献には、五〜七メートルも掘ったと記録されている。塩の採掘場が湖底の中央から徐々に浅い岸の方に移動しているからであろう。

足と手が物差しになって塩を掘り出す採掘法は、タウデニ以前の塩の供給地タガザの岩塩鉱山の採掘と同じ方法だと言われ、古代の岩塩鉱山を知る手がかりになっている。

古代の塩の町タガザは、ここから一六〇キロ北上したところにある。タウデニが塩の鉱山になるまでの八〇〇年余り、八世紀から一六世紀末まで、南の黒人アフリカに塩を供給し続けた町だ。家やイスラム寺院が岩塩でつくられて一〇〇〇人近い人が住んでいたとされている。

タガザの岩塩鉱山は、当初はガーナ王国に、一四世紀前半からはマリ帝国に管理され、一五世紀末からはソンガイ帝国の支配下にあった。一五八〇年代、タガザの岩塩鉱山の利権を狙《ねら》ったサード朝のモロッコ軍に占領されたが、当時すでに岩塩鉱山は枯渇しかかっていて、塩を掘り尽くした後は廃墟となってしまった。その後、キャラバンの宿営地としてわずかに利用されていたが、今はアルカイダ系テロ集団の隠れ家となって近寄れない。

タウデニ鉱山は、タガザの代わりに一六世紀末にソンガイ帝国が採掘を開始した。以来ずっと同じ方法で塩を掘り続けている。縦穴は、労働さえ提供できれば誰でも掘れるが、土地を管理しているのはトンブクトゥやアラワンのベルベル系とアラブ系の塩商人で、毎年自分たちの採掘場に契約した労働者を送り込んでいる。また商人自らも数か月間タウデニに滞在して、塩の掘り出しと出荷状況を管理している。

採掘場で働く黒人の労働者には三つの階級がある。かつてアラブ人の奴隷として酷使《こくし》されていた黒人は、奴隷制度廃止後も捕虜と呼ばれて働き、今は召使いとなって鉱山の一翼を担っている。もちろん召使いの待遇は奴隷や捕虜の時代とは違う。給金はないが、七日間で掘り出した塩の二日分がもらえて、家族の面倒も見てもらえる。

黒人の中でもフリーと呼ばれる出稼ぎ労働者がいる。召使いと階級は同じだが、大半が借金のために働いている。二日分の塩を手にする権利と給金をもらえる代わりに、家族の面倒は見てもらえない。さらに土石や泥水を地上に捨てたりする見習いの黒人労働者がいる。タウデニ

厚さ20センチ以上の岩塩の原石をツルハシで削る

(中央)、厚さ4センチほどの「バー」と呼ばれる塩の板に仕上げる

岩塩を掘り出し成形する男たち。塩床から岩塩をはがし（左）、表裏を削って

に来たばかりの新米の黒人がする仕事で、寝る場所と食事を与えられるだけで何ももらえないが、いずれは塩の切り出しに就くことができる。

岩塩の原石を「バー」と呼ばれる塩の板にするアラブ人とトゥアレグ族の職人たちは、給金はなく家族の面倒も見てもらえない代わりに、塩の板四枚につき一枚の権利を持っている。

廃墟の村スミダ

アゴルゴットの六キロ北東に、泥の塀で囲まれたスミダという廃墟の村がある。三〇〇年以上前につくられたといわれるスミダは、崩れ落ちた城壁と見張り台が残り、東の広場には黒焦げになったたくさんの装甲車が砂の中に埋もれていた。サングラスのように黒く変色したフロントの防弾ガラスが砂から顔を出して、不意の訪問者を睨《にら》みつける。フロントの中央に開いた銃の覗き穴が、不気味に威嚇した。

植民地時代に強制的にフランス軍の駐屯地にされたスミダは、遊牧民の反感を買って激しい襲撃を受け続けた。特に奥地の遊牧民は何の断りもなく砂漠に侵入してくる者に対して、暗殺など殺戮《さつりく》の限りを尽くして抵抗した。独立後の軍事政権下も、そして今もトゥアレグ族たちの反乱は続いている。彼らの要求は分離独立である。廃墟となった村や装甲車の残骸《ざんがい》は、その過去の事実を語っていた。

スミダから古い交易路が、東はリビアを通ってエジプト、さらにメッカまで、北はフェズやマラケシなどのモロッコへ、西は凶暴なアパッチ、レギパット族の領域で、西サハラの大西洋にまで続き、現在、ラクダ道の大半は反政府組織やテロ組織の活動ルートになっている。

タウデニの井戸はスミダのすぐ外にある。例の下痢するほどのしょっぱい井戸だ。鉱山の男たちが、我々のラクダ七頭を連れて井戸に向かった。往復一二キロの半日仕事だが、タウデニの男たちはアザライのラクダに水を飲ませる世話をすることで、自分たちの飲み水を手に入れてきた。しかし、ラクダで一〇〇リットルの水を運んで来ると、バー一枚をその代償としてラクダの持

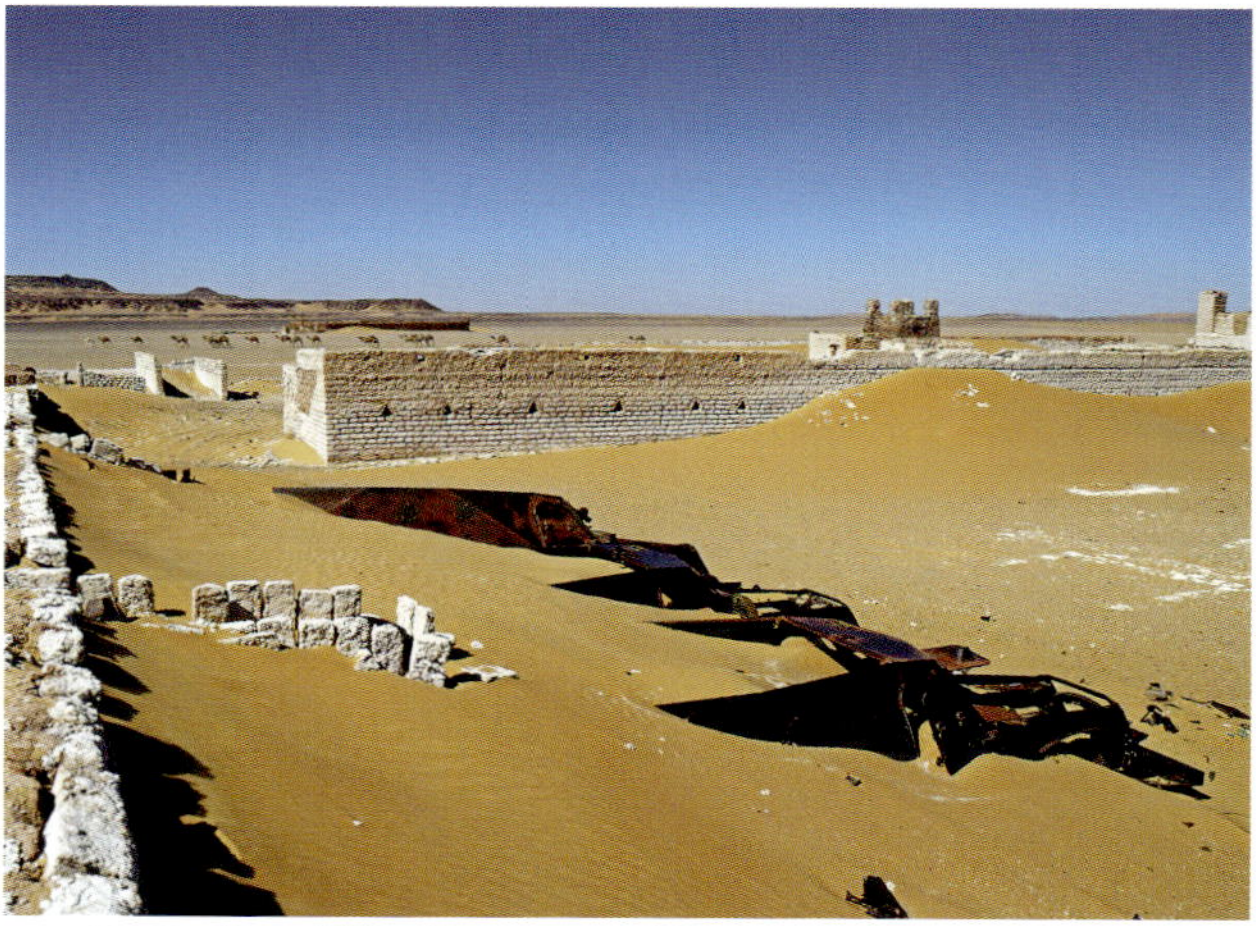

スミダと呼ばれる廃墟の村。フランス植民地時代に軍の駐屯地にされ、黒く焼け焦げた装甲車が砂に埋もれている

ち主に払わなければならない。

古代ローマでは、兵士の給料の一部を塩で払っていた時代がある。給料を英語で「サラリー」というのは「兵士の塩の貨幣」を意味するラテン語の「サラリウム」に由来する。また兵士を「ソルジャー」というのも語源は塩で、働いた代償として塩をもらうからである。

現在でもタウデニでは、「バー」と呼ばれる塩の板がお金の役目を果たしている。労働者と食料を乗せてやって来るトラックが、町から様々な物資を一緒に運んで来る。タバコやお茶、コーヒーのほかにヤギや鶏、毛布や衣類など、ありとあらゆる物資がバーで手に入る。塩が通貨になっている場所は、世界中でおそらくタウデニだけだろう。

それは、金や奴隷が同じ重さの岩塩と交換された時代を思い起こさせる。一九世紀にはバー二枚が成人男性の奴隷と交換できた。奴隷売買はとうの昔に廃止されたが、サハラの隊商路では二〇世紀に入っても続いていたのである。特にオアシスではフォガラという地下水路をつくって、遠くの山から水を引く工事に奴隷の労働を必要とした。

タウデニ滞在の日々

午後、猛暑が熱風を伴ってタウデニの大地を焦がした。地べたに敷くシートを天幕にして、日陰に潜り込んだ。ぼうっとしていたいのに、ハエがうるさくて何も手につかない。昼、アジィたちをねぎらうために、七五〇〇円で買ったヤギが解体された。これがアゴルゴット中からハエを集めてしまった。ヤギの値段の高さにもビックリしたが、よりによって天幕の後ろにあるゴミの小山に解体したヤギの汚物をそのまま捨ててしまったからたまらない。コックのアブドラに砂をかけて汚物を埋めるように言うと、

「砂をかけろだって⁉　ハエは喜んでいるからいいんだ」

トゥアレグ族の迷信深さには、ほとほと疲れる。また友だちだとでも言い出しかねない。アジィたちベラビッシュ族にとってトカゲは大好物の食料なのに、トゥアレグ族にとっては、彼らのおじさんと言って逃がしてやるくらいだから。


タウデニに来て二日が過ぎた。陽射《ひざ》しが傾いた午後、様子を見にムスターファたちのキャンプをこっそり訪ねた。集落から中央鉱区を突き抜け、西の新しい鉱区の先にキャラバンの広場があった。撮影しながら、何食わぬ顔でキャンプに近づく。

モハメッドは自分のラクダ一二頭分の岩塩を確保できたが、ほかの連中はまだ手に入れていない。六頭のラクダで参加したイブラヒムは、急に鉱山で働くと言い出した。ムスターファとラミィのグループは三四頭のラクダがいるが、バーはまだ半分。

まずいことにムスターファが左手をひどく化膿《かのう》させている。野球のグローブのようにパンパ

ンに腫《は》れた手を抱えて、全く元気がない。サソリに刺されたのか、切り傷から黴菌《ばいきん》が入って化膿したのか、本人も原因がわからない。頭が痛くて夜も眠れないというほど体調が悪い。持っていた抗生物質系の軟膏《なんこう》を塗ったが、切開して膿《うみ》を出さないことには効き目がない。どうやら明日も出発できない様子だ。このまま彼が動けなくなったら、別のアザライを探して復路の旅をしなければならないが、同じアザライと塩の道を帰ることにこの旅の面白さがある。最後まで彼らと復路の旅ができることを祈りたい。

近くで鶏が時を告げた。朝日が昇ると、砂が砂金のように光った。霜が降りている。盆地の朝は氷点下二度。アブドラが死んでしまうと思っている気温だ。ラクダが座ったまま石のように動かない。アブドラと同じく寒さが嫌いなのだ。

タウデニ滞在は、予定の二日を超えて四日目を迎えた。水とラクダの餌《えさ》が底をついた。タウデニの水で初めて米を炊く。塩分とマグネシウムの濃度を増した水は、旨味成分が破壊されて喉に苦味がひっかかった。コーヒーにいくら砂糖を入れても甘くならない。

問題はラクダの餌だ。途中でラクダが二頭増えたので、その分だけでも草が足りない。ラクダは毎日餌を与えないと元気をなくしていく。アジィは集落を駆けずり回って一日分の餌を何とか手に入れた。キャラバンが落として行った草を労働者が一本一本拾い集めたもので、バー

山形に立てかけられた岩塩。１頭分のラクダの積み荷で、上に荷鞍が置かれている

二枚の値段だった。ラクダの糞《ふん》を集めた五〇リットル詰めの袋はバー一枚。タウデニではバー一枚に五〇〇円以上の価値がある。それがトンブクトゥでは五倍以上の価値になった。

アブドラが「食料をもっと買い足さなければいけない」と言う。一瞬、「えェ⁉」と思った。出発前に自慢げに話した米四〇キロ、マカロニ二〇袋、スパゲティ二〇袋、乾パン一〇袋、砂糖三〇キロなど。四〇日間の食料は十分なはずなのに、今さら足りないとはどういうことだろう。まさか最初から食料は足りなかったのか。それともアザライに大盤振る舞いしてしまったのか。いや、アブドラは、アジィが惜しげもなくムスターファたちにお茶や砂糖をあげてい

採掘場の空き地で、集めた100枚近い岩塩のバーに革紐を掛けて運び出す作業をするモハメッド

ると文句を言っていたくらいだ。タウデニで補充できるとはいえ、本来、持って来るべき食料は、足りなくなるなど絶対あってはならない。

問い詰めると、タウデニで働くトゥアレグ族の仲間に差し入れしてしまったという。新しく仕入れる食料品のお金は、なんと親戚のアルバから家族に届けてくれるように預かったお金だった。往路の旅では情けないほど落伍《らくご》寸前だった男が、タウデニで同族のトゥアレグ族たちにお大尽気取りとは。私の我慢は限界に達した。

「このお金は君のものではないだろう。アルバの血と汗の結晶だよ。恥ずかしくないのかね。君はいい顔をしたくて、人の金に手をつけている」

「タウデニの連中は、お金や食料をもらいに来るので断れないんだ」

「それは少し話が違うよ。我々の食料はトンブクトゥまで食い繋《つな》ぐもので、むやみやたら人に分け与えるものではないよ」

「あなたがそこまで言うなら、お金を貸してくれないか」

「君が前借りしたいと言うなら、いくらでも貸してあげよう。でも、君がほしいだけの持ち合わせは、ここにはないよ。町に戻ったら返すことにして、今はアジィから借りたらどうだい」

「ああ、わかった」

あくびをかみ殺したような気の乗らない返事をして、この話は終わった。

岩塩の荷造りをするムスターファ。バーは縦120×横60×厚さ４センチで重さ約30〜35キロ。割れないように革紐で縛り、さらにラクダに吊り下げる紐を２本つける

鉱区の一角で、バーに革紐《かわひも》をかけて、ラクダでキャンプに運ぼうとしているムスターファに出会った。「親指はどうだ」と尋ねると、不機嫌な顔で何も言わない。風船のように腫れた手は、痛くて力が入らないようだ。

彼らのキャンプ地を覗くと、バーは順調に集まっていた。出発はムスターファ次第だ。

塩商人と塩を運ぶアザライの関係はどうなっているのだろう。アザライは荷主の塩商人と代々契約を結んでいて、長い間に培われた信用取引により四枚単位でバーを預かり、輸送の代償として三枚受け取ることができる。この驚くべき輸送の報酬は、危険を冒して運ぶアザライの取り分である。襲撃に遭えばアザライは全滅する。男たちは皆殺しにされ、積み荷はラクダごと奪われてしまう。盗賊の襲撃が横行した時代には、報酬が六分の五とか、一〇分の九ということもあった。アザライはリスクの大きい仕事として高配分の報酬率が根強く残っている。

第三章 タウデニからの帰り道

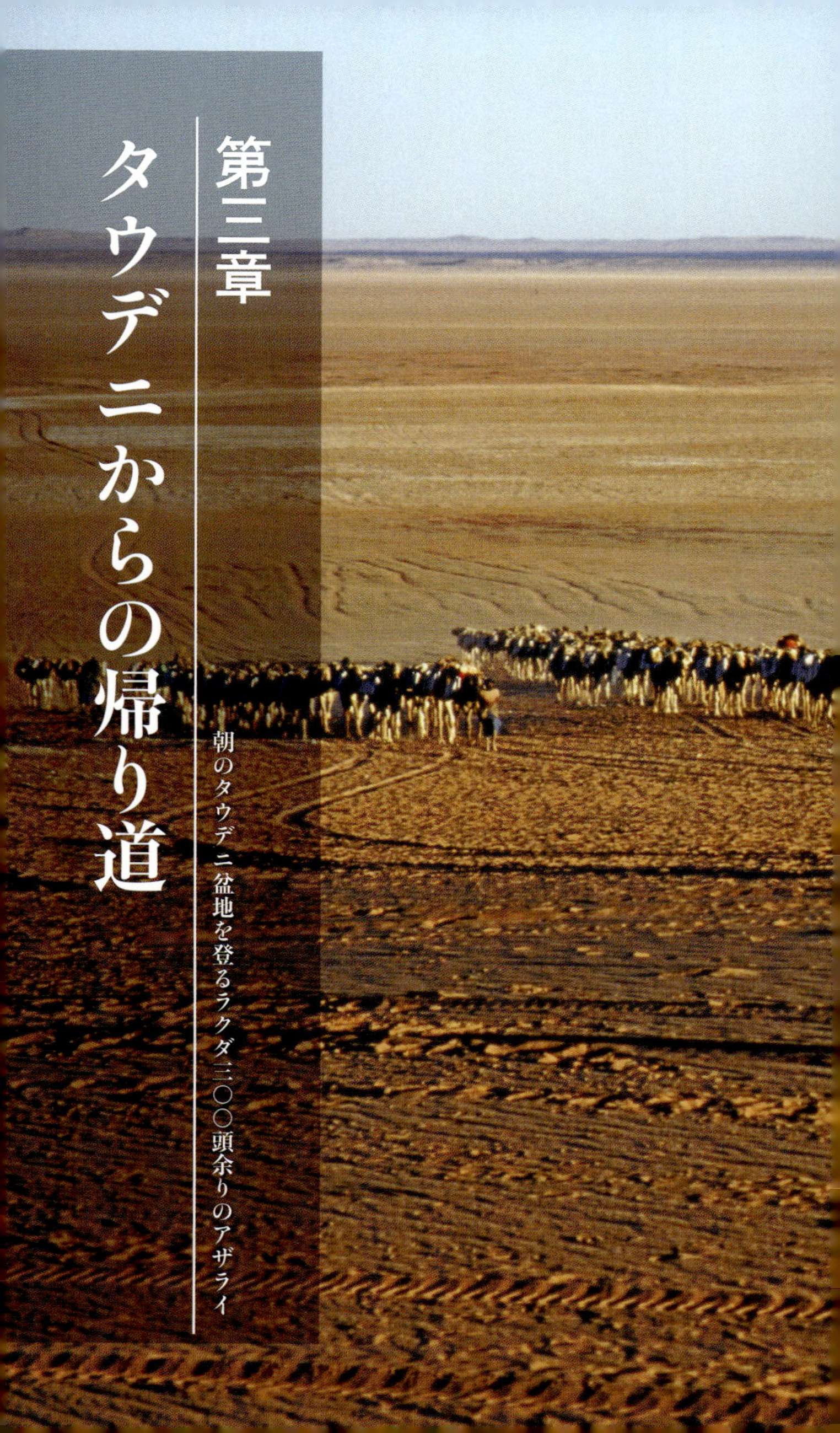

朝のタウデニ盆地を登るラクダ三〇〇頭余りのアザライ

バーを積んでタウデニ出発

塩が高価な貴重品として扱われた時代を考えると、塩を手に入れるのは簡単なことではなかった。問題は塩の輸送である。塩の産地は辺境の地が多く、重くてかさ張る塩の輸送は困難であった。最古の道は塩を運ぶためにつくられ、最古の町は塩の取引のために生まれたとも言われている。サハラの塩は、灼熱《しゃくねつ》の大地で塩を掘り出すことの大変さよりも、塩をいかにして砂漠を越えて町に運ぶか、それが最大の課題であった。

タウデニ出発の朝を迎えた。鎌のように細い月齢二六の月が金星と一緒に並んでいる。午前五時、労働者の待ち伏せを警戒して灯《あか》りもつけず荷造りすると、暗闇《くらやみ》の中を出発した。アジィの知り合い五、六人が用心のためについて来た。

今朝も、タウデニの大地は霜が降りて寒い。アブドラが首を縮めて寒さに震えている。私は襲撃が心配で、黙って南十字星を見て歩いた。古い鉱区の脇を抜けて本道に出ると、南に進む一団が闇の中に動いた。待ち伏せして我々の進行を止めた黒い影に、アジィが叫んだ。それを合図に、暗闇から無言でぬうっとムスターファが現れた。後ろを振り返ると、さらに大勢のキャラバンが続いている。

東の空は朝焼けに染まって、珍しく雲が出て金色に輝いている。我々のキャラバンは七頭の

復路出発の日、南の地平線に南十字星が立ち上がる

ラクダのうち二頭に八枚のバー（塩の板）を積んでミニ・アザライになっていた。

今日から復路の旅。緊張しながらも足取りは軽い。前進すればそれだけトンブクトゥに近づく。ラクダは剝《む》き出しの岩塩を初めて背中に載せられたので、荷具合が安定せず、すぐ立ち止まった。そのたびにラクダを座らせて岩塩を積み直す。ラクダの体力に合わせて塩を積んでいる。四歳以上のラクダは左右二枚ずつ計四枚。三歳のラクダは三枚、二歳のラクダは二枚。バー一枚の重さは約三〇キロだから、大人のラクダは約一二〇キロの塩を積んでいた。

トゥアレグ族のアザライ

盆地の崖《がけ》にさしかかった。黒い堆積岩の谷は、吹き寄せられた深い砂に埋まっている。まだ隊列が整っていないので、アザライは後続のラクダを気づかってゆっくり登っていく。ラクダは、前のラクダの足跡を消しながら自分の足跡を残して進んだ。岩の上からタウデニを見下ろすと、朝日の中にラクダ三〇〇頭の大キャラバンが三組の固まりになって近づいてくるのが見えた。バーが足りなかったのも彼らとかち合ってしまったからである。タウデニの赤い窪《くぼ》地《ち》に、大きく長い影が動く。

ムスターファたちのラクダは私に慣れてきたが、塩を積んだラクダを興奮させないために、我々のキャラバンだけ付かず離れず距離を保って先に行くことにした。しかもアジィが、イブラヒムの抜けたモハメッドのキャラバンや手を怪我しているムスターファを手伝っているため、私とアブドラが我々のラクダを見なければならない。それでもアブドラは珍しく張り切っていた。トンブクトゥに帰るということと、ミニ・キャラバンを任されて旅の目的意識を新たにしたからである。

午後、心配していた暑い陽射《ひざ》しが、正面からじりじりと照りつけた。往路は北風を正面に受けて進んだが、復路は三五度を超す灼熱の太陽を浴びて歩いた。

深い熱砂の峠を越えると、ようやく地平線が見渡せる広大な砂砂漠に出た。地平線の西に、円錐形の火山ゲルブ・エル・アビドがぽつんと立っている。詩を好むアラブ人が「囚《とら》われ人の心」と呼んだ山は、タウデニから逃げて来た奴隷たちが渇きで命を落とした悲劇の場所だ。

塩を積んだ初日は、ラクダと積み荷のバランスをチェックしながら、ラクダ全体の歩調が合うようにペースを落として移動した。ようやく北風が後ろから吹いてくる頃、水を埋めた野営地に辿《たど》り着く。アジィが迷わず水の入ったポリタンクを掘り出した。三日ぶりで飲む真水は何物にも代えがたい甘露。萎《しお》れていた植物が生き返るように、干からびた体が元気を取り戻した。ストックしておいたラクダの餌《えさ》もある。アザライの知恵だ。

日が沈んで紫の残照に染まる砂丘を、後から来たアザライが越えていく。最後尾の見張り役

ゲルブ・エル・アビド

の若者が我々を見て、口に手を当てて水を飲む真似をした。彼らも真水が飲みたい。塩を積んだ数百頭のラクダを見ていたアブドラが、興奮しながら叫んだ。

「トゥアレグ族のアザライだよ！　ほら、見ろよ！」

「凄《すご》い数だね。でも俺には同じアザライに見えるけど、どこが違うの？」

「ターバンの巻き方とラクダの乗り方が違うだろ！」

アブドラは今すぐにでも彼らと一緒に帰ってしまいそうに興奮している。トゥアレグ族は迷信深く、悪霊が入り込まないように鼻や口をターバンで隠している。ラクダの首に足をかけて組むキザな乗り方も、彼ら独特のものだ。初めて見るトゥアレグ族の大キャラバンだった。アザライの大半

砂砂漠をゆくアザライ。右遠方に見えるのが「囚われ人の心」と呼ばれた火山

がアラブ人なのに、この大集団はトゥアレグ族自身の身を守るための護送船団である。それはトゥアレグとアラブの今も続く闘いの証だ。

トゥアレグ族は砂漠の略奪者として常に恐れられてきた。七世紀、イナゴの大群のように中近東から北アフリカに侵入して来たアラブ人は仇敵《きゅうてき》なのだ。フランスに鎮圧されるまで一〇〇〇年以上もアラブ人のキャラバンを襲撃し、彼らの村を略奪してきた。そのためトゥアレグ族のアザライは逆襲を恐れ、かつて隊商たちが護送船団を組んだように、大キャラバンで塩を運んでいる。

夜、アジィがムスターファの野営地にお茶を飲みに行って留守の時、アブドラが焚《た》き火を囲みながら独り言のようにつぶやいた。

「もしあなたがいなかったら俺は夜一睡もできな

夕暮れの砂丘を越えていくトゥアレグ族のアザライ

い。一日たりとムスターファたちと一緒にいられないよ」

それは寝首をかかれるということか。彼の心の中に消すことのできない過去の記憶が、恐怖となってずっと残っていたのは驚きだった。ムスターファたちとはいつも距離を置いていることや、決して彼らのキャンプには近づかないアブドラの不可解な行動を初めて理解することができた。だが、一つわからないのは、なぜ敵対するベラビッシュ族のアジィと組んだのかということだ。

「アジィだって、君の寝首をかくベラビッシュ族だ。それなのに自分が請けた仕事にアジィを誘ったのはどうして？」

「アジィは友だちだし、よく知っている。もちろん、トゥアレグとベラビッシュの争いは続いているよ。でも、あなたの求めに応じて確実にタウデニに行って帰れるのは、俺の友だちではアジィしかいない。あなたが間に立ってくれれば旅はできると思った。今もそう思っている」

心の内を聞かされて、もう少しアブドラに優しくしようと思った。

夜、ムスターファが膨れ上がった左手を見せに私の野営地に来た。岩塩の積み下ろしで傷口が破れてしまったのが幸いして、一週間以上化膿《かのう》していた手から膿《うみ》が飛び出た。私の体験上、膿を絞り出して抗生物質の入った薬を塗れば、もう大丈夫だ。隊員の多くが手足の怪我を抱えている。毒虫に刺され、ラクダの糞《ふん》などに直《じか》に触れるので傷口が化膿してしまう。そのうえ薬もないので、膿が全身に回って命を落とすこともあるという。これを契機に、私を見るムスターファの視線が少し穏やかになったような気がした。

三番目の井戸ビル・オウナンへ

塩を積んでいる。それを嫌がってラクダが号泣している。ラクダならずとも氷のように冷たい岩塩は触るだけでも嫌だ。気温は二度、サソリ座が東から昇ってきた。延々と塩の荷造りが続いた。アジィが手伝いに行って一時間になるが、なかなか終わらない。立っていると足が冷たくなるので、寒さが嫌いなアブドラが白鳥のように首を縮めてラクダの足元でうずくまっている。

暗闇の中で少しずつ黒い影が立ち上がっていくが、一頭だけ積荷を嫌って駄々っ子のように暴れるラクダがいた。塩を積むのは今回が初めての若いラクダだ。モハメッドが首に跨《また》がって地面にラクダの顔を押しつけ、仲間の二人が蹴飛ばしながら、無理やりバーを載せた。

砂漠の輸送方法としてキャラバンは決して効率の良いものではない。その理由は気難しいラクダにある。轡《くつわ》をつけたり、荷物を載せるたびに嚙《か》みついたり、臭い唾《つば》を吐いて暴れる。また、キャラバンは動き出すと、なかなか止まることができないのも理由の一つ。止まるとラクダが座り込んでしまうからだ。車がラクダのキャラバンに取って代わる日は、そう遠くないような気がする。そんな時代が来たら、アザライの死活問題だ。この国の不安定な政情からしても、サハラ地域の分離独立闘争が再燃して内戦が起きてしまうだろう。

暗がりではラクダの糞のように見えた小石が数を増し、地形は徐々に岩石砂漠に変わっていく。地面に飛び出た石や岩にラクダが躓《つまず》き、よくロープが切れた。そのたびに隊は止まる。ロープを繋《つな》ぎ、列を潜って荷具合の点検をする。早朝の石や岩は氷のように冷たく、灼熱の日中は、鉄板のように焼けてラクダの足底はつらい。いずれにしても岩石砂漠はラクダに歓迎されない。砂を歩いてこそラクダなのだという呟《つぶや》きが、彼らのため息のなかに混じっていた。

早朝二時、ムスターファが荷造りを始める。我々は火を焚いて、お茶をすすり、ピーナッツと乾パンを数枚胃袋に流し込んだ。テントをたたもうとする私を、アジィが止めた。我々は三人で七頭のラクダを世話するので、三〇分で出発の準備ができてしまう。そうすると、アジィがムスターファの荷造りを手伝わなければならない。彼らはタウデニでイブラヒムの代わりに三七歳のアルファァを入れて、四人で五二頭のラクダを動かしている。その全部に、氷のように冷たくなった二〇〇枚近い岩塩を二人一組で載せなければならない。それはアザライのいちばん骨の折れる仕事だ。毎日のことなので、アジィは終わりの三〇分をちょこっとだけ手伝いたい。手の平をぼろぼろにして、かじかんだ手を擦《こす》りながら息を切らして戻って来る

サハラの塩の道で迎えた初日の出（2004年１月１日）

彼を見ると、それでも大変だと思った。

朝六時五五分、元旦の初日を拝んだ。私だけ足を止めて一年の幸運と旅の安全を祈って合掌する。三三年間、夢にまで見たタウデニの旅は、たまたま六〇の還暦の年に重なってしまった。

前方に西日の当たる山が見えてきた。山の頂に塔のような岩が立っている。アジィの話では、岩の真下に井戸がある。往路、水を汲《く》んだ三番目の井戸ビル・オウナンだ。タウデニに向かう時は、アザライのラクダたちが岩を越えて下りてくるのが月明かりに見えたが、昼間の光景は全く別世界だ。大きな岩が障害物のように道を塞《ふさ》ぎ、キャラバンを強制的に蛇行させている。クレナチチの窪地のように、盗賊の待ち伏せには格好の場所だ。日の出前の暗い夜道を集団で通過したのも納得できた。

一面ラクダの糞が散らばっているビル・オウナンの広場に着いた。ラクダの糞は貴重な燃料でありがたいのだが、整地しないとテントが張れない。荷を下ろした北側一〇〇メートル向こうに、ムスターファたちの野営地が見える。岩塩を下ろした脇で、トウジンビエを臼《うす》でついているアルファの姿があった。

南には井戸がある。素手で汲み上げることができるので、次の井戸の分まで水を汲んで行くことにした。それはアラワンのオアシスまで直行する七日分、一四〇リットルの水だ。久しぶりに井戸の水で洗濯し、頭を洗い、思いっ切り五杯も紅茶を飲んだ。洗面などに気兼ねしない

葉がトウモロコシに似た雑穀トウジンビエを臼でつくアルファ。ビル・オウナンの井戸近くの広場にて

で水が使えるよう空のペットボトルに専用の水も汲んだ。

元日は何のご馳走《ちそう》も、行事も、気負いもなく、平日のように過ぎて行った。

キャラバンに追いつけない

風が出て一段と寒い朝、みんな毛布を頭から被って震えながら歩いている。岩山に囲まれた空間から深い宇宙を漂う満天の星が見えた。金星が月のように東の空に輝いている。しかも暗闇は明るく照らされ、ラクダの長い脚が影になって動いているのを初めて見た。

辺り一面赤紫に覆われた明け方の砂漠を、アジィに代わりアブドラが先頭に立ってラクダを引いていく。彼が先頭に立つとラクダのピッチが速くなり、ラクダの尻尾に繋いだロープがよく外れた。「トゥアレグ族なのに、あいつはラクダのことを全く知らない」と、いつものようにアジィから嫌味を言われ、怒られた。

一日中ラクダに乗っているラミィが居眠りしている。先頭を行く彼のラクダも歩みがのろく、ふらついた。三列になって移動しているので、ラクダ同士が接近して積み荷の岩塩がぶつかる。そのたびにバーが割れた。我々の先頭を行くアジィがラクダに気合いを入れる。それはラミィを起こす気合いでもある。ところがラミィのラクダがネズミの穴に躓き、あっけなく地面に転がり落ちた。ズボンが破れ、膝《ひざ》をぶつけて、ラクダの上にいる時間がさらに多くなった。

夜になって、ラミィの膝が腫《は》れて動けなくなった。内出血を起こしている。彼のために一日留《とど》まるわけにいかないと判断したアジィが、火にあぶったカミソリで膝の患部を切って血を抜いた。凄い荒療治だが、この処置が正しいのかどうか私にはわからない。ラクダの傷が化膿した時は、焼いた火箸《ひばし》で傷口を焼いて消毒してしまうこともある。

岩石砂漠から砂砂漠に変わり、砂丘が現れた。三脚を担いで走った。砂丘の撮影の時は一時間前に走ることにしている。そうしないと間に合わない。キャラバンの全景を撮る時は特にそうだ。正面からも横からも撮りたい。望遠レンズで三脚を立てて撮り始めると五分で通過してしまう。それはあっという間の出来事だ。

フイルムを詰め替え、砂丘の上でトイレまでしたら、歩き出した時は数百メートルも離されていた。必死に歩いても、前を行く本隊との距離が縮まらない。普段なら、それでも何とかなったが、砂が異常に深い。私の足が一歩進むごとにラクダの足は一・五倍先に行く。運が悪いことに、上り斜面で四〇度近いうだるような猛暑。午後二時のこの暑さは尋常ではない。熱中症にかかり始めて、体力が限界に達していた。幸いアブドラがそばにいた。三脚を持ってもらい、さらに一時間歩いた。

しかし、どうしても最後の三〇〇メートルが縮まらない。このまま歩き続けたら動けなくな

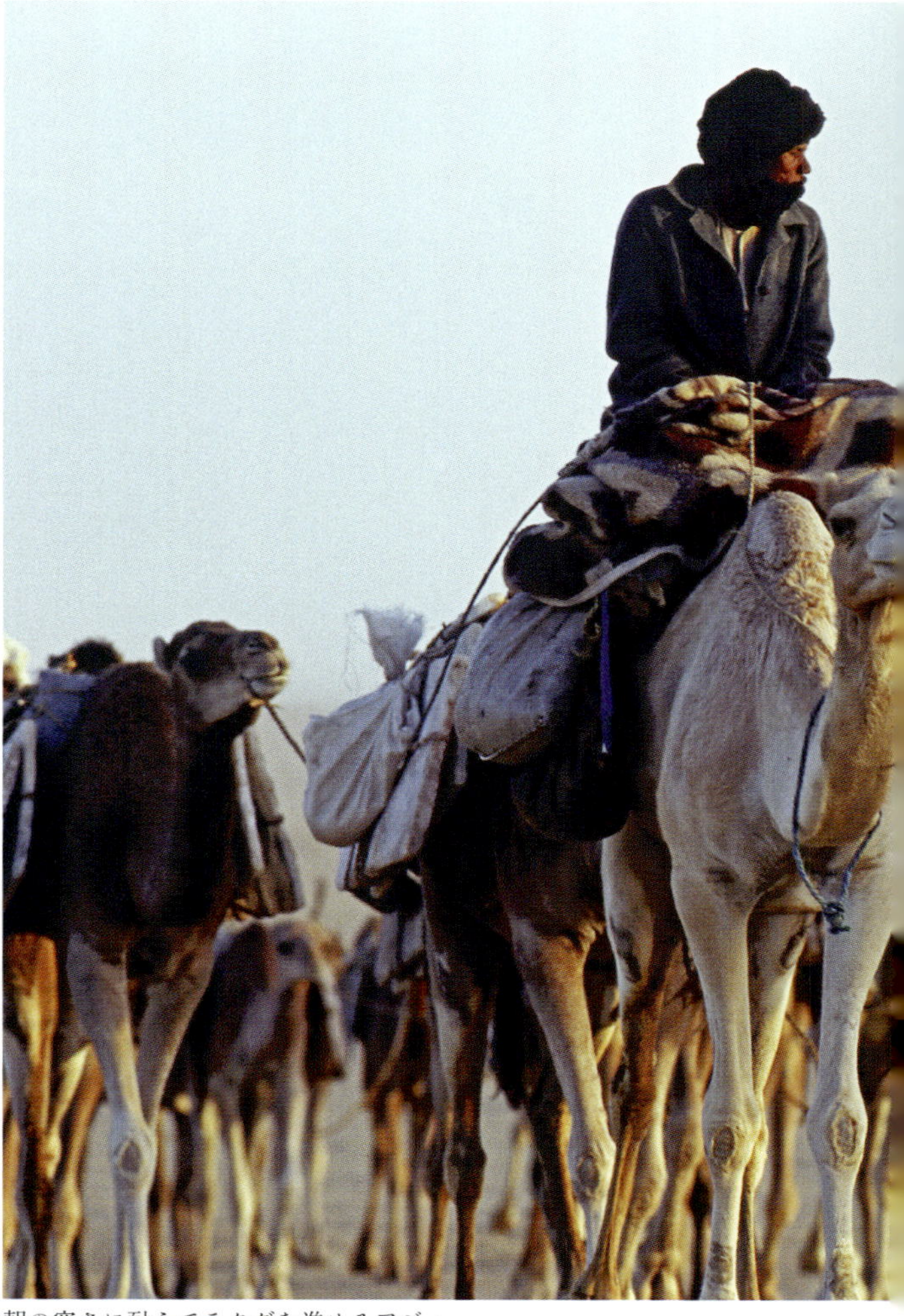

朝の寒さに耐えてラクダを進めるアジィ

ってしまう。そうなる前に、我々のキャラバンだけ止まるように、アブドラを走らせた。機材を持つから歩こうと言われたが、私の足では追いつかない。まだ体力のあるうちに助けを求めたほうがいい。いつもどこにいるかわからないくらい遠く離れたところを歩いているアブドラが、今日は近くにいて助かった。毎日、私が元気過ぎたので、バテるなんて誰も考えていない。しかし、それをいちばん心配していたのは自分だった。

砂漠で人は一日に約七リットルの汗をかく。歩いていれば一五リットルにもなると言われている。私が毎日飲む量からするとだいぶ多いが、体の動きが悪くなったところをみると、水の補給を間違えて脱水症状にかかってしまったようだ。私は昼間二リットルの水を飲んでいる。井戸の水を沸かして水筒に詰め、なくなったらミネラルウォーターを飲む。野営地では一・五リットルの湯を飲んでいるから、私が一日に飲む水はたったの三・五リットルだ。

サハラでは水の渇きで死んだ話はたくさんある。ラクダに逃げられ、車が故障し、道に迷って渇きで死んでしまった話だ。人間は体の水分を約四リットル失ったところで、皮膚が乾き、目眩《めまい》と疲労感で食欲がなくなり、腎臓と肝臓が機能しなくなって死亡するという。

小さな丘を越えると、我々のラクダが止まっていた。水を持って来てくれたアジィが、大丈夫かと声をかけながら言った。

「キャラバンから五〇〇メートル離れたら追いつけません。下手したら遭難して死んでしまうことだってあります。それに、ずっと気になっていましたが、荷物が多すぎます」

アジィは、私が毎日身につけているいろいろな装備をずっと気にしていた。水などを含めると軽く一〇キロを超えてしまう。あまりに張り切り過ぎて復路四日目にして潰《つぶ》れてしまった。無理はできないと思った。

栄養失調で尻の骨が飛び出す

サソリ座の頭上から南に火球が飛んだ。凄《すさ》まじい明るさのでっかい流星だった。一月の空に閃光を放つのは、しぶんぎ座流星群だ。東に「冬の大三角形」が見える。三角の頂点にはふたご座があった。毎日、南の地平線の少し上に立ち上がった南十字星を頼りに進んでいる。タウデニに向かう時は北極星を確かめながら進んだ。タウデニとトンブクトゥを繋ぐこの塩の道は、北天の北極星から南天の南十字星に伸びる銀河街道だった。こんな夢のようなラクダ道がほかにあるだろうか。トゥアレグ族は「トゥアレグ・クロス」という星を目印にトンブクトゥを目指すという。彼らの聖なる十字架も南十字星かもしれない。

星を見ながら歩くと目眩がした。栄養が足りず血が薄くなった気がする。昨日は熱中症で、今日は栄養失調。寝不足が疲労を増幅させていた。頬《ほお》に手をやると、げっそり削《そ》げ落ちている。

南十字星（右側）と銀河。往路は北極星が道標だったが、帰路は南十字星

鏡を見たら骸骨《がいこつ》みたいな顔をしているかもしれない。痩《や》せてベルトを締める穴がない。野菜の代わりに総合ビタミン剤を飲み、温かい食事は夜だけ。それもサラダオイルと固形スープの素を使い、スパゲティかマカロニ、あるいは米を煮込んだものを日替わりで食べるだけだ。

アブドラの食事は美味《おい》しいけれど、砂が入ってひどく食欲を失《な》くす。二切れの小さいヤギ肉の塊が唯一のご馳走だ。アジィたちの習慣で朝食はとらないので、朝と昼は自前の三角チーズとピーナッツと乾パンを適当に食べる。小腹が空いたら、その都度つまむだけなので常に腹六分目の状態だ。一日の運動量の割には、カロリーも栄養も足りず、脂っ気のないカサカサの腕は骨と皮になっている。自前の食料がなかったら動けなくなっていたかもしれない。

一か月近く風呂に入っていないので汚いのは言うまでもないが、ラクダの乗り心地がひどく悪い。コブの後ろに乗っていても、ラクダの背骨が尻に当たって痛い。どんなに毛布を敷いて、その上に寝袋を丸めてもすぐ痛くなる。この痛さはなんだろう。パンツの中に手を突っ込んで、尻を触ってみた。骨が突き出ている。こんなところに尖《とが》った形で尻の骨があるのかと驚いた。ブラジル人は尻に最大の魅力を感じるというが、今の私はセックスアピールがゼロ、というよりもマイナス。尻の脂肪まで落として、すっかり痩せてしまった飢餓の姿だ。アブドラたちもひどい状態で、垢《あか》で黒光りしている。もはや我々三人はミイラのようになっていた。

歩きながら顔を洗った。掌《てのひら》一杯の水で目だけ洗う。薄くなった頭のてっぺんは、汗や埃《ほこり》で

アジィ（左）はお茶をたて、アブドラは夕食をつくる

ラクダの糞が一面に散らばる野営地で、お茶をたてててくつろぐ至福のひととき。

汚れ放題だ。ドライシャンプーで時々痒《かゆ》くなったら洗っているが、気休めに過ぎない。旅が終わるまでにツルツルに禿《は》げ上がってしまいそうだ。頭に載せて汗を吸わせたハンカチは腐って穴が開いてしまった。

朝、早めにラクダに乗った。歩き過ぎで右の腰に違和感がある。四週間も歩きまくっているからだ。ラクダの上から眺める南の地平線はどんよりした靄《もや》に覆われて、一二月までの抜けるような青空はどこにも見当たらず、砂塵《さじん》が飛んでいた。左手の化膿が止まって、ムスターファが初めて私に挨拶《あいさつ》した。これで自由に撮影ができるようになった気がする。

昼を過ぎてもラクダの上にいた。しばらく砂丘が現れないようにと祈るほど疲れていた。泡を吹いていた私のラクダが躓き始めた。前足が躓いているので、ラクダの上でウトウトしていると前に飛ばされるかもしれない。ラクダの首にロープを回した。いざという時は、このロープにしがみつかなければならない。

夕べの野営地で焚き火を囲みながら、アザライがトンブクトゥの町に塩を運んだ後はどうなるのか、アジィに尋ねてみた。

「トンブクトゥに着いたら『塩の家』と呼ばれる塩商人の家に塩を運ぶんだ。すぐお金が欲《ほ》しければ商人の言い値で売る。高く売りたければ、二、三か月、親戚や友だちの家に預けて値上がりを待って売ることもあるよ。いずれにしても四分の三の塩はアザライの取り分だから、塩をいつどう売るかは彼らが決めるのさ」

アザライがタウデニに行く回数は年に一回。たまに二回塩を運ぶこともある。一一月初めに出かけて一二月末に帰り、また一月末に出かけて三月初めに戻る。若いラクダは一回だけ、四歳以上のラクダは二回タウデニに行き、塩を運ぶことができるが、ラクダは半年しか使えない。それも四年でラクダを交代させなければならないほど、ラクダにとって旅は過酷《かこく》だ。

キャラバンの日々

午前二時、ムスターファに起こされるまで、誰も起き上がれなかった。アザライの隊員たちは時計を持っていないが、オリオン座を寝る前に見ておいて、西にどのくらい傾いたら起きるかを決めている。星座は毎日沈む時間が早くなるので、いつもアジィと口論になる。

アザライの荷造りを手伝って帰って来たアジィが、休む間もなく我々の荷造りを始めた。嫌がるラクダを怒鳴りつけながら座らせて、アブドラとバーを積む。最近、私もアジィの助手をすることが多くなった。遠慮したいのはこの岩塩の積み下ろしだ。バーは鉛のようにずっしりと重く、腰にくる。手の皮も擦り剝けてしまう。

バーはラクダの背中に紐《ひも》で吊《つ》り下げてあるだけなので、両側から二人で同時に持ち上げないと、積むことも外すこともできない。バーを吊るす紐の先端は輪になっていて、左右の輪を合

岩塩の板（バー）をかじるラクダ。バーにラクダの歯形が付いている

わせて木の棒を差し込む。バーを外す時は、木の棒を引き抜けばよい。水袋もラクダのお腹にぶら下げるので、一人で吊るすのに腕力を必要とした。私にとっていちばん体力の衰えを感じる時だ。今やアブドラは、じっとして動こうとしない。

キャラバンがゆっくり歩き出した。砂を踏みしめる音が暗闇に響く。つま先が冷たい。履きっぱなしの靴下が暖かくない。後ろのラクダが、私のラクダの荷物用の鞍《くら》を食べた。柔らかい草でつくってあるので、腹が減ってくると強引に喰《く》らいつく。前のラクダが積んでいる岩塩も食べてしまう。疲れてくるとラクダだって塩がほしい。草食動物はカリウムを多く含む植物を餌にしている。カリウムが排泄《はいせつ》される時は、たくさんのナトリウムも一

夕方、ラクダから岩塩を下ろすアジィ（左）とアブドラ

緒に排泄されるので、ラクダなど草食動物はさかんに塩をほしがる。反対にライオンなどの肉食動物はナトリウムを多く含む肉や骨を食べているので、草食動物ほど塩分を必要としない。

タウデニを発って六日目、ラクダの餌が底をついた。今日は何が何でも草の生えた場所を探さなければならない。岩石砂漠は完全に消えて、平らな砂の大地が続いている。昨日は約六〇キロ近く進んだ。今日は何キロ歩くかわからないが、草のある場所が野営地だ。

アザライの隊員たちは草の匂いに敏感だった。ラクダと同じ嗅覚《きゅうかく》を持っている。彼らは何時間寝ているのだろう。夕飯時には一時間以上、臼で穀物をついて食事をつくり、我々が食事を終わる頃に、翌日の昼食のランチボールをつくるために、また穀物をつく。そして午前二時には起きているから五時間も寝ていない。それで重労働ができるのだから、疲れを知らないようだ。昼間ラクダの上で器用に寝ているにしても凄い体力だ。

キャラバンの西側を一〇〇メートルほど離れて平行に歩いていた。明るくなった東の空にラクダの長い列が浮かび上がる。今は夜明け前のモノトーンで墨絵のような色彩だが、時間を追って朱色に染まり、幻想的な光景が楽しめた。

時折、甲冑《かっちゅう》の擦れるような音が聞こえた。吊り下げた岩塩が擦れる音だ。その昔、サハラの交易が最盛期の頃、「ヘラクレスの柱」と呼ばれた地中海のジブラルタル海峡を渡って、様々な商品がヨーロッパとアフリカを行き来した。金、象牙《ぞうげ》、奴隷などと交換するために、ヨーロッパの衣類や装身具などにまじって板状の岩塩を輸送するラクダの隊商が南に下ったが、往時の有様も、このような光景であったのかもしれない。

アジィは、暑い四月にも一回だけタウデニに行ったことがある。アザライをやるには最後の時期だ。四月の砂漠にラクダの餌にする草などない。特にアラワンとタウデニの間は一本の草も生えていない。当然、彼らのキャンプ地から餌を運んで行かねばならない。それはラクダの餌をルート上に落とし、帰りはそれを拾いながらの旅だ。夕方の六時から翌朝の四時まで一〇時間歩き、昼間は寝ている。しかし砂漠の熱風は、ジッとしていても吸い取り紙のように体の水分を奪っていく。

なぜそんな時期にアザライをしなければならなかったのか。アジィは嫁さんを迎えるためにまとまった金が必要だった。トンブクトゥの町にも世話をする女がいた。どちらの嫁さんのために命懸けのアザライを決行したのかは、教えてくれなかった。

朝六時の祈りをするために、アジィが手綱をアブドラにあずけて隊を離れた。アザライの隊員たちは祈りをしなくなった。塩を積んだラクダが座り込んでしまうので移動を止めたくない。

お茶会で携帯コンロに火をおこすモハメッド。ブーブーの裾にはラクダの糞をくくりつけている。後ろにいるのはアブドラ

敬虔《けいけん》なイスラム教徒のアジィだけは、毎日五回の祈りを欠かさない。砂漠の大地に座り、砂で体を清め、長々と東方のメッカと対峙《たいじ》する。礼拝は、同時にトイレタイムでもある。

午後一時、お茶会が始まった。横一列になって和やかな時間が流れた。調子に乗ってモハメッドが写真を撮れと携帯コンロを突き出した瞬間、ラクダの糞に載せたティーポットがころげ落ちた。これでお茶会は中止かと思ったら、また一からやり直した。

最後のお茶が私にも回ってきた。煮出した渋い緑茶に甘いハッカ味が一瞬涼しさを呼んだ。毎回主役を務めるアジィが名調子で唄《うた》い出した。みんな憑《つ》かれたように聴き惚《ほ》れ、気難しいラクダが快調に歩き出す。ラクダの耳は一八〇度回転する。私のラクダは、アジィの名調子には聞き耳を立てて耳を前に回し、眠気覚ましに歌う私の鼻歌を、後ろに回して聞いていた。

灼熱地獄

砂の大地は、砂岩の赤い砂から石膏《せっこう》などの混じったベージュ色の砂に変わった。砂丘群が現れても、私はまだラクダの上にいた。完全に風が止まり、焦げた砂から跳ね返ってくる殺人的な熱波はラクダから降りるのを阻んだ。誰もが頭《こうべ》を垂れてラクダの上にいた。ラクダの長い脚は、焼けつくような地面の熱から我々をかろうじて守っていた。

朝から続いた猛暑は、昼を過ぎると灼熱地獄に変わった。真正面から容赦なく射す太陽は、顔や手をビリビリ痛いまでに焦がす。口や鼻は乾いた熱い空気でひりついた。目は閉じていた方が楽なくらい眩《まぶ》しく、頭がクラクラした。症状は完全に熱中症だ。後ろのアブドラを見ると、なんと後ろ向きに乗って耐えている。さすがトゥアレグ族。落ちないことを祈ろう。

　砂丘は時間を追うごとに山のように高くなって、ラクダの足がくるぶしまで砂にもぐる。南風が正面から吹いて気温をさらに押し上げた。今日は気温が三八度に張りついて下がらない。西日は顔の右半分をカリカリに焦がし、魔女の吐息のような抵抗しがたい甘美な睡魔が執拗《しつよう》に襲ってきた。眠ればラクダから叩《たた》き落とされる。ピーナッツなどを手当たり次第に口に放り込み、必死に眠気に耐えた。魔女の誘惑から逃れるために、貴重な水を顔にぶっかける。乾くまでの一瞬ではあるが、気化熱を奪われて目が覚めた。しかしすぐ眠くなる。何時間も拷問のようなつらい睡魔が繰り返し続いた。とうとうラクダから落ちる危険を感じて渋々歩いた。ラクダの上までは決して飛んでこなかった砂が、容赦なく顔を叩きつける。ターバンを巻いて鼻や耳に飛び込んでくる砂を防いだ。風は高さ一・六メートルくらいまで砂を飛ばす。

　砂丘の上でたくさんのラクダの足跡を見ていると、また目眩がした。午後二時過ぎの気温は四〇度近い。溶鉱炉のそばにいるような暑さだ。誰もラクダを励ます声をかけない。遠くの砂漠に亡霊のように涼しげな水が躍って、幻の水辺に人を誘っている。飢えと渇きに遭遇していたら、いとも簡単に騙《だま》され、きっと幻影を追って命を落としてしまうだろう。

砂漠に現れた蜃気楼

この魔女のいたずらとでもいうべき蜃気楼《しんきろう》は、地表付近が太陽に熱せられて、空気が暖まっているのに対し、上空は冷えているため、その境目で光が屈折して起きる現象だ。このとき、光は地面に置いた鏡に空を映したような状態になり、人の目には、反射した空がまるで湖のように見えてしまう。

ラクダが鼻血を出して座り込んでいる。ムスターファのラクダが積荷を嫌って暴れたために殴られた。蹴飛ばしても尻を持ち上げても立ち上がらなければ、このまま捨てていかなければならない。荷物を積み直したラクダを前後二人がかりで持ち上げた。普段はとぼけた顔のラクダも、牙《きば》を剝き出しにして立ち上がった。置いていかれたら死ぬほかない。

ラクダも本能的に感じていることだった。もしラクダを捨てるとしたら、バーは、次に来た時回収するために円を描いて置いて行く。これで所有物だと示すことができる。

夕方、わずかに草の生えた野営地に着いた。すぐそばに大きな砂丘がある。三六〇度、砂砂漠。猛暑は続いていた。カメラの三脚でシートを持ち上げて天幕を張り、日陰に頭だけ突っ込んで暑さをしのいだ。横になってじっとしていると、微《かす》かに涼しい風が日陰を流れていく。寒さは我慢できても暑さはどうしようもない。横になって少し離れたアザライのキャンプに目をやると、バーをラクダから大急ぎで下ろしているのが見えた。ラクダを休ませるための最後の仕事だ。サハラで記録された日陰の最高気温は五八度、砂の表面はさらに一七〜二八度高くなるというから想像を絶する。

アブドラの不眠

アザライが起き出し、アジィが焚き火をしてお茶を飲んでいる。私も三時近くまでコーヒーを飲んで、それから荷造りを始めた。コックのアブドラは毎日一〇回以上呼ばないと起きなくなった。やっと起きて焚き火のそばに来ると、また毛布を被って寝てしまう。

アブドラにどうして起きられないのかと聞いてみると、昨夜は一一時に寝たから起きられないのだと言う。「今日はラクダから落ちるかもしれない」と訴えるほど眠いらしい。何か考え事をしている。この自己管理の悪い、子供みたいな男をどうしたらよいものか、考えるだけでも頭が痛い。

今朝は我々の荷造りが遅れた。隊員たちが出発の準備ができても、我々は最後のラクダにバーを積めないでいる。アブドラがうまくバーを持ち上げられず、ふらついた。アジィと呼吸が合わない。何回もやり直したのでラクダが嫌がって暴れた。アジィが怒り出した。

「どうしてバーを持ち上げられないんだ！　全く呼吸が合わないじゃないか」

それを聞きつけて、モハメッドがアブドラと交代した。三人で助け合って旅をするという気持ちが薄れている。しかし、アブドラにしてみれば、我々が岩塩を運ぶなど、そもそも考えてもみなかったことだ。アジィの欲に付き合わされているという不満は拭えない。ただ、アブドラの眠れないほどの考え事とは、これとは違う気がした。

出発するとアブドラは姿を消した。激しくなじられたのが原因だ。二人の立場は微妙なのだ。この旅は私がアブドラに頼み、アブドラがラクダ使いのアジィに話を持ちかけて実現した。つまりアブドラがアジィを雇ってキャラバンをするということでは、上下関係がはっきりしている。しかし実際は、アジィが我々のキャラバンだけでなくムスターファたちアザライも仕切っている。リーダーはアジィだ。この辺のバランスが崩れて、時々問題が起きてしまう。アブドラに旅の企画を頼んだのは失敗だったかもしれないが、それでもこの珍道中は、まだ何とかう

アファゾンの草に火をつけて暖を取るモハメッド（中央）とアブドラ（左端）

まくいっている。このままトンブクトゥの町に辿り着けば成功なのだ。

早朝の暗闇で、アブドラとモハメッドが急にキャラバンの前を走り出した。そして五〇メートル先で止まり、一メートル以上伸びた枯れ草の根元に火をつけた。ライターの火はあっという間に火柱となって草を勢い良く燃やしてしまった。よほど寒かったのか手を炙《あぶ》り、体を炙り、後ろを向いて背中を炙る。それから尻餅《しりもち》をついて足を炙った。次はムスターファとアルファが加わって、四人で先を争って走り、手当たり次第に火をつけた。いくつもの火柱が暗闇を赤く染めた。燃えているのはラクダの餌にする草アファゾン。この草は枯れると根元の方が篠竹のように硬くなり、焚き火の材料になる。

モハメッドと交代したアジィとラミィが走り出した。面白がっているように見えるが、実は、みんな寒さで死にそうに震えていた。私と彼らの体感温度はだいぶ違うようだ。隊員たちの体脂肪は、もはや限りなくゼロに近い。鋼のような体と体力を持っているように見えるが、寒さに驚くほどひ弱である。栄養が足りないのだ。

アラワンのオアシスに近づく

ラクダは砂漠に生える草を食べながら歩けるようになった。虫や動物の足跡がある。砂漠は砂や岩の死の世界でなく、生きた砂漠に変わってきた。あと数日すると植物が砂を隠し、やがてアカシアの木が見えてくる頃、大地は砂漠というよりサバンナ地帯になる。

昼過ぎ、往路の旅でキャンプした場所を通過する。広大なサハラ砂漠で、全く同じ場所を通るアジィの正確な土地勘に驚いた。往きに落としたフイルムまで見つけてくる。岩石砂漠の塩の道は、ラクダに踏まれて一本の細い道になっているが、砂砂漠では、数十キロの幅で広がっている。風に消された塩の道を効率良く、どの方向に踏み出すかはラクダ使いの判断。頼れるのはアジィの記憶だけだった。

夕方の野営地で、アジィが自信満々に話しかけてきた。

「あと三日でアラワンに着きますよ。もう旅は終わったようなものです。我々の旅は順調そのものです」

「そうか。あと三日でアラワンか」

「そうです。楽勝です。あなたは運がいいですよ。同じアザライと一緒にタウデニを往復するのは大変難しいことです。我々は今それをやっているんですから」

アジィの顔は、このまま旅が無事に終わる自信に溢《あふ》れていた。その嬉《うれ》しさを話さずにはいられないようだ。外国人を連れてアザライと一緒に旅することなどあり得ないからである。それだけ今回の旅は、彼にとっても大変なのだ。

アラワンのオアシスからトンブクトゥの町まで、車なら一日で行ける。ラクダでも七日だ。しかし何が起こるかわからない。問題は途中にある彼らのキャンプに、休養のために何日滞在するかだ。数日なのか一週間なのか、それがはっきりしないと何も予定が立たない。ここからムスターファの家族のキャンプまであと六日の距離だ。


午前三時。早い出発に、みんなまだ眠気から覚めず、だらだら歩く。アジィがラクダに乗った。早朝は眠くなると言って乗らなかったのにどうしたことか。背筋を伸ばしてラクダに乗っている姿が猛々《たけだけ》しかったが、昼間はラクダの上で居眠りして、キャンプ地では横になった途端、いびきをかいて眠ってしまう。背中も痛くてアブドラに揉んでもらっている。さすがのアジィもへとへとに疲れていた。

砂丘を登りながら下腹に力を入れると、ズボンがずり落ちた。私もだいぶ痩せてしまった。頬はこけ、ヒゲはぼうぼうでナニ人かわからない。アブドラが手と顔は自分たちと同じだといい、横からアジィが黒人と同じだと口を挟んだ。

朝六時半、三〇〇メートル先でキャラバンを待った。望遠レンズで覗《のぞ》くと、本隊が左右に向きを変えながら進んでくる。アザライの正面を撮りたいので、私の方が大きく方向を変えなければならない。三脚を立てスタンバイするまで一分かかる。自動焦点が故障して手動でピントを合わせた。息が荒くてなかなか合わない。高い位置から撮りたいのにうまくカメラに納まらない。もたついていると本隊が近づいて来た。シャッターを押す。切れない！　ここ数日、暗い早朝の撮影でシャッターが下りないことがある。オートが認識しなくなったのだ。撮りたい時にシャッターを切れないのは最悪。そのたびにカメラを投げつけたい衝動に駆られた。

枯れた草が根元の株だけ残してコブのようになった大地をゆく。ラクダは首を伸ばして残飯みたいなコブの枯れ草をむしる。ラクダが草を食べながら歩くと乗り心地が悪く、右に左にのろのろ移動するので、ただでさえ暑くてうんざりしているのに腹立たしい。思いっきり蹴りを入れて真っすぐ歩かせようとしても、食べる方に夢中だ。蹴りを入れ過ぎると逆にラクダの方が怒り出して、ペンチのように大きな出っ歯で嚙みついてきた。これは結構恐ろしい。女や子供がこの前歯でかみ殺されることもある。私のラクダが唯一怒りをあらわにした一瞬だった。

ラクダ使いアジィの怒り

風が止まって気温を押し上げた。全員ラクダの上でまどろんでいる。昼食後はみんな静かだ。この静寂は、じっと酷暑《こくしょ》に耐えているのだ。目を瞑《つむ》り、熱気が入らないように鼻と口をターバンで塞ぐ。ラクダは葬列のように鈍い。アザライの隊員たちは直射を遮るために、ターバンで帽子のつばのような庇《ひさし》をつくり、ラクダに揺られていた。西日が顔に当たると、日差しの当たる右側に傾けて厚くターバンを巻いた。完全に日差しを遮りたい時は、ターバンの端をカーテンのように下げて隠してしまう。

気温は三八度。思考能力が薄れて、白い砂の反射が眩しい。ラクダを励ます余裕もなく、目を瞑ってしまうと、決まって睡魔が襲ってきた。転落を恐れて猛暑の大地を歩いた。唯一元気なのはムスターファだ。彼は最後尾にいて、ラクダのロープが切れて列が途切れると走って行ってラクダを繫ぎ、とんでもない方向に行くラクダを連れ戻す。相棒のラミィが先頭のラクダの上で一日中居眠りしているのに、文句を言ったことがない。かつてラミィの父親の使用人をしていたムスターファは、ラミィを一人前のアザライに育てるよう頼まれているのだ。

酷暑の西日を受けてアラワンをめざすアザライ

一番目の井戸の近くに差しかかった。我々はアラワンとタウデニの間にある三つの井戸のうち、二番目と三番目の井戸で水を汲んだ。しかし、流れが止まったこの井戸は水が腐っているので素通りした。ムスターファが後ろから走って来た。彼が走って来る時は移動が終わる時だ。アジィと野営するかどうか話している。ムスターファは暑くて、今日はここで終わりにしたい。アジィは早すぎると言う。水がほしいムスターファたちは井戸の方に向かった。我々は井戸から二〇〇メートル離れたところを通過した。アジィがわざとそうしたのだ。隊員たちは、一日分に満たない血のように赤い水を汲むと、大急ぎで追いかけて来た。実は、この井戸はレギパット族の襲撃で皆殺しにあったベラビッシュ族のアザライたちが放り込まれて使えなくなったと言われている。五〇年以上昔の出来事に、アジィはこだわっていた。

先頭を行くラクダ使いのアジィが、突然、落ちて砂に叩きつけられた。彼のラクダが、後ろの私のラクダから伸びるロープに後脚を絡ませてよろめいたからだ。彼は居眠りしていたから、ひとたまりもなく無様に落ちてしまった。

彼の怒りは凄まじかった。みんなの前で落ちたことが、アジィのプライドを凄く傷つけたのだ。持っていた鞭《むち》でラクダの顔を叩きのめした。死んでしまうかもしれないと思えるくらい滅茶苦茶に叩いた。さすがに見かねたムスターファが止めに入る。止められたのが面白くなくて、さらに叩いた。悲鳴を上げ続けるラクダの口をロープで縛って、また叩いた。ラクダに乗ってからも思いっきり小突いた。これが彼の本性なのだと思った。怒りっぽくて荒っぽい。砂漠のプロフェッショナルの闘争心が露骨に透けて見えた。

この騒ぎで、今日の野営地はもっと先になった。アジィの怒りが収まるのに少し時間がかかる。しかしこれ以上、灼熱の太陽に焼かれると人間の燻製《くんせい》ができるような気がした。ラクダも悲鳴を上げているが、人もつらい。アジィは転落した腹いせから、まだ先に行こうとしている。ムキになってもラクダが疲れるだけだ。いい餌場はすでに通り越していた。

アザライのリーダー、ムスターファ。初めてカメラの前で笑った

行く手前方に、また草の生えた砂丘が見えてきた。丸一日で砂漠の景観が変わった。一面緑の草が生えているところが今夜の野営地だ。午後五時近く、キャラバンは二手に大きく分かれた。やっと三〇日目が終わった。一三時間の厳しい一日だった。万歩計は六万九七二八。

久しぶりにアザライのキャンプを訪ねた。岩塩を下ろした空き地に、ラクダの糞を盛り上げた炉辺を囲んで、モハメッドとラミィとアルファが車座になって談笑していた。少し離れて、ムスターファが一人お茶を飲んで寛いでいた。写真を撮らせてもらうと、照れた顔が若く優しい。初めて私を見て笑った。やっと意思の疎通ができた。出会ってから二〇日間。心を開いてもらうのに、これだけの時間が必要だった。

アラワンのオアシスを通過

今朝も、ラクダが疲れ果てて号泣している。もう動けないと訴える激しい声は、どこか人間臭く、死んだら呪ってやると喚《わめ》き散らしているようだ。一列に繋がれたラクダは、ロープと水平に首を長く伸ばして必死に歩いている。その首だけ見ていると、映画『ジュラシック・パーク』の恐竜を連想させた。

トンブクトゥまであと一〇日。日中の暑さはつらいが、あっという間のように感じるのは、朝早く出発するからだ。早朝の行動は時間を得したような気がする。暑くなる一一時までに七時間以上歩いている。さらに四時間頑張れば一日が終わる。その繰り返しの毎日だった。

自然を相手に、ただひたすら歩く。カラフルな砂、青い空と明るい星、強烈な太陽と埃を巻き上げる風。その真っ只中《ただなか》に塩の道がある。朝夕の砂丘の妖《あや》しい景観やラクダの長い列は人を惹《ひ》きつける不思議な力がある。それは私にとって憧《あこが》れの世界であり、想像を絶する感動の世界だ。よそ者の勝手な感傷かもしれないが、砂漠の旅のたまらない魅力である。人の生活に欠かせない塩のドラマをつい忘れてしまいそうだ。

かつて大砲を馬に引かせ、鉄砲という新兵器を担いで怒濤《どとう》のごとく塩の道を南下して、塩と黄金と奴隷を手に入れたモロッコの王たちがいた。それを横取りする盗賊も数限りなく出没した。そして黄金の都トンブクトゥを目指した多くの探検家たち。この塩の道は冒険と欲望の道でもあったのだ。

アブドラとアジィが仲良く肩を並べて歩いている。トゥアレグとアラブ、この異なる民族の二人が共に行動している。アブドラにキャラバンの手配を任せたのは、結果的に正解だったのかもしれない。後にアジィは、アブドラで良かったと感想を述べている。別の相棒だったら殴り合いの喧嘩《けんか》になって失敗しただろう、と。アブドラが優柔不断で気が弱かったからこそ、私も強くものを言い、自分の意志を通すことができたのだと思う。無論、悪い結果で終わらなかったのは三人三様お互いを許し合っていたからでもある。

そして、毎日アザライの野営地に出向いて荷造り荷下ろしを手伝い、おやつをばら撒《ま》き、お茶を提供するアジィの奮闘努力が、アザライとのコミュニケーションづくりに大きな効果をもたらした。夜、その話をするとアジィの顔がほころんだ。

前方の砂丘に人工物体が飛び込んでくる。突然現れた要塞《ようさい》のような四角い建物は、泥で造《つく》ったアラワンの佇《たたず》まいだった。九時前に着くと思っていなかったので驚いた。水が不足して、毎日一二時間以上進んで来たのだ。

干からびたアラワンの景観は、塩の道によく溶け込んでいる。往路では、死んだような村の眺めに失望して、これからの旅が不安になった。豊富な地下水に恵まれたアラワンは、トンブクトゥの町ができるまで、この地方でいちばん大きなオアシスだった。砂が容赦なく押し寄せる古いオアシスは、アザライにとって今も変わらぬ大切な宿駅だ。水が地下を流れている限り、人々は砂と戦いながら生き続ける。

三二日間、蟻《あり》のように移動してアラワンまで戻って来た。見覚えのある小さなモスクや学校、そしてアジィの姉の家が見えた。オアシスの周りを囲む二つの井戸のうち、村の中心から五〇〇メートル離れた東の井戸でラクダを止めた。アジィたちはターバンを巻き直して格好をつけた。懐かしさがこみ上げてくる。往路で見送ってくれた男たちが、また出迎えてくれた。我々

のげっそり痩せ細った姿を見て驚きながらも、

「アッラーの祝福で、無事戻ってこられましたね」

「お元気ですか？」

「だいぶ痩せましたね」

口々に声をかけてきた。

昼近く、隊員たちが井戸の水を汲み始めた。この井戸は八〇メートルの深さがあるので、ムスターファが水を汲み上げる長いロープをラクダに引かせ、ラミィが水槽に水を入れる。あっという間に五、六頭のラクダが顔を突っ込む。それは水槽の許容範囲を遥かに超えていた。それでも待ちきれないラクダが、後ろから強引に顔をねじ込んでくる。ラクダはタウデニのスミダの井戸以来一〇日も水を飲んでいない。いくら汲んでもラクダのお腹に水が吸い取られていく。アルファが後ろのラクダを必死に抑えているが、水の臭いに興奮したラクダたちを一人で抑えることはできない。オアシスの若者が応援に駆けつけた。

午後一時、ラクダの給水を終え、昼食抜きで出発した。隊員たちは水をもらったお礼に、小さなバーを二枚置いた。

大きな砂丘を越えると、サバンナの景観に変わった。まだアカシアの木を見ていないが、草

先を争って水を飲むラクダたち。アラワンの井戸から水を汲むと、興奮したラクダたちの水争いが始まった

の緑は砂を隠し、別の世界に来たようだ。アザライは少し進み方を変えた。後ろのラクダのロープが切れても、本隊はそのまま止まらずに移動することになった。最後尾に付いているムスターファやモハメッドがいちばん苦労するのに、アザライは急ぎたいらしい。

塩を積んだラクダをよく見ると、今まで気づかなかった怪我に驚いた。どのラクダもバーで背中が擦れて穴が開いている。ラクダのお腹に、前脚の付け根に、胸盤とでもいうのだろうか、座った時に台の役目をする硬いコブがある。その部分に塩の重みで、弓なりに反った脚の内側が擦れて、骨が剝き出しになっていた。硬い台も皮がめくれて血にまみれている。歩くたびに擦れて、悲鳴を上げるラクダの苦痛は想像に余りある。腿《もも》も岩塩の角で切れて、傷口が大きく開いていた。長い旅の勲章というにはあまりにも痛々しい。

右手親指を骨折する

久しぶりに八時間眠ることができた。午前六時過ぎだが、焚き火がないので、寒くてテントから出られない。気温は八度。日中は四〇度近くなるのでその温度差を考えると、結構、寒さが堪《こた》える。アジィも、まだまどろみの中だ。

ラクダが地面の草に目もくれず真っすぐ歩いている。夜間、草をお腹いっぱい食べるとこんなに違う。アザライのキャンプ地まであと二日。新鮮な草を食べさせてラクダの疲労を回復さ

夕日を浴びたカラフルな砂丘。砂丘には人を魅了する不思議な力がある

せるために、今日から出発が九時に変わった。昨日まで九時といえばすでに五時間以上歩いていた。そろそろ暑くなる時間帯なのですぐにエンジンがかからず、だるさを引きずって歩いた。夕方、ラクダから降りる時にちょっと無理をしたら、首にしがみつき損なって転げ落ちた。地面に右手をついた時に骨が折れる音がした。たちまち親指の付け根が腫れてひどく痛い。ここにきていちばん恐れていた怪我をしてしまった。ムスターファの腫れあがったグローブのような手を思い出した。手は風船のように腫れて、ハンカチを水に浸して冷やしてみたが、痛みと腫れは引かない。とっさに、この手ではラクダに乗ることも写真を撮ることもできないと思った。骨折したのはフイルムを巻き上げる右手の親指。ゴールを目前にして怪我だけは避けたかった。頭が真っ白になった。ここで旅の中止などできない。足や腕ではないので歩いたり動いたりすることはできる。これが唯一の救いだ。

アラワンまでは早朝の月を仰いだ。今夜からは夕方の月を仰いで歩く。月夜の晩だ。歩くのに不自由はない。頭上に月齢七の上弦の月が輝いて、足元を照らす。白い砂の大地は雪原のようだ。みんなラクダの上にいる。私だけ歩いた。ラクダを座らせて乗るのも気が引ける。指が使えないなら歩いた方が楽だ。まだ一〇時間も歩いていない。あと三時間歩けば今日も終わる。

朝、骨折した親指は腫れあがっていた。アジィたちが温めるように言うので、お湯で温めてみたが具合は良くない。やはり冷やしたほうが良さそうだ。それでもアジィが、お湯の中に岩塩を溶かして親指の付け根を揉んでくれた。カバンの底にあったプラスチックの下敷をギプス代わりに指を固定すると少し楽になった。

ツアー客を乗せた二台の車と山盛りの荷物を積んだ一台のトラックが、タウデニに向かって走り抜けた。荷物の上にしがみつくように乗った六人の男のうち五人は、ライフルを持った傭《よう》兵《へい》だった。ツアー客は主にアメリカ人とフランス人だ。実はこの塩の道は反政府系テロリストの活躍の場所で、外国人を誘拐しては軍資金を稼いでいる。今回のラクダの旅のように、一人の傭兵も雇わずにタウデニを往復するなど、彼らからすればとんでもない話なのだ。

アザライと一緒だったからテロリストに気づかれなかったのかもしれない。トゥアレグ族のアブドラを旅のパートナーに選んだのも、万一、襲われた時に彼が話をつけてくれそうな気がしたからだが、実際は何の役にも立たないのだろう。私は内心、盗賊や、東のキダル地方のトゥアレグ族反乱分子が、あるいは隣国ニジェール、アルジェリア、西サハラのゲリラ・レギパット族が塩の道まで来て襲撃してくるのではないかと恐れていた。欧米人は最善を考えて傭兵や警官を雇うのが一般的だ。過剰防衛のようだが、彼らを取り巻く環境は常にそうしたものに

雪原のような月夜の砂漠にオリオン座が昇る。白い砂は石膏

なってきている。アザライの生活の道は、ツアー客を待ち伏せして襲う危険な道に変わってきた。アフガニスタンやイラク戦争から特にひどくなった。

我々日本人は、歴史を通じてもアフリカでトラブルは起こしていない。だから安心だなどと勝手に思い込んでいるが、アフリカ人から見た日本人は、無害で隙《すき》だらけの、ただのお人好し。騙しやすいカモかもしれない。襲われて金品は盗《と》られても命までは取らないだろうという大甘な考えは通用しないと、覚悟したほうがいい。

サハラを横断していた二人のスイス人旅行者が車ごと誘拐されて、半年ぶりに解放された話を聞いた。多額の身代金をトゥアレグ族の交渉人に託して解決したのである。しかし、二〇件近い誘拐事件は未解決のままだ。

アザライの仲間たちとの別れ

昼近く、一か月ぶりにアカシアの木を見た。小さな緑の葉が紺碧《こんぺき》の空に映えて目に染みる。遠くからでも高く大きく見えるアカシアは厳しい旅が終わったことを教えてくれた。

太陽は眩しく、頭上にある。北風が我々を南にトンブクトゥへと押してくれた。往路で下腹に力を入れて踏みしめた深い砂を、今、軽やかに下っている。この心地良さは格別だ。それは一生に何度か訪れるひと時の心地よさだ。往路のあの張り詰めた、やるぞという気持ちと、復

砂漠に生えるアカシアの木。久しぶりに見る緑の葉が目に染みる

路の終点が見える希望の旅。まさに山あり谷あり。様々な出会いと出来事を織り込んで年齢を重ねていく人生の旅に似ている。

思えば今回の旅は三一年前のハウサ族のキャラバンに比べたら、随分楽だ。あのとき、何であんなに苦しかったのだろう。

三一年前、砂漠を行くキャラバンに憧れて、アルジェリアの首都アルジェから車を乗り継いで三〇〇〇キロの旅の末、塩を運ぶキャラバンに出会った。運んでいる塩が人の生活にどんな意味を持つのか、全く興味も知識もなかったが、過酷な大地で逞《たくま》しく生きる人々に驚いた。そこは隣国ニジェール共和国のビルマ村。血のように赤い塩水の湧《わ》く池がある。ビルマ砂丘群の真っ只中に位置する村は陸の

ニジェール共和国ビルマ村の赤い塩水が湧く池（1972年）

孤島そのもので、生活物資を運んで来るキャラバンに塩を売り渡すために、ひたすら池の水を蒸発させて塩を採り出すことが彼らの生きる術《すべ》だった。

ビルマ、テネレと続く砂丘群は、かつてパリ・ダカールラリーの死闘に選ばれた車の墓場だ。その深い流砂とラクダの屍《しかばね》を踏み越えて行く塩を運ぶキャラバンの姿に感動して、地球の塩を巡る旅を始めた。そのときの旅は、毎日が命懸けの厳しさというか緊張感があった。

一面識もないハウサ族のキャラバンに、ある日突然飛び込んで、無人の砂漠を旅することの無謀さは、いかに若さゆえとはいえ、振り返ればキャラバンをヒッチハイクしたような怖さがあった。夜毎《よごと》、寝袋の中にナイフを入れて寝たことは、いまだに脳裏から消えない。連日一八時間に及ぶ移動で、腰の痛さと睡魔との闘い。鶏の餌のような食事と水不足の毎日。言葉の問題。つらいことがたくさんあった旅は、若さと好奇心で乗り越えた。四日分の飲み水しか持たないキャラバンは、四日以内に次の水場に着かなければならない。それは日に六〇キロの行軍を強いられたが、塩の大切さを知る旅でもあった。このときの旅は、現存する二つの塩の道の、もう一つのキャラバンルートである。

今回の旅は、アジィとアブドラががっかりするほど元気だ。すべてハウサ族のキャラバンがベースとなり、心の拠り所になっていた。これが初めての旅だったら想像つかないことばかりで潰れていたと思う。この年齢では倒れていたかもしれない。自前のキャラバンに無理も贅沢《ぜいたく》も言える甘えが、二人の仲間に迷惑をかけて問題を起こしていただろう。

隊員たちが唄っている。夕方の涼しい空気に送られて鼻唄まじりに笑い、はしゃいでいた。遠くに遊牧民のテントが見える。ラクダから降りて歩いた。足が自然に前に出る。往路にはなかった筋力のついた足で、快調に歩けた。寝不足と足のふらつきもなくなった。体が砂漠に慣れる頃、旅は終わりになる。

午前六時、まだ日は昇らないが、アザライの野営地では珍しく祈りのコーランが流れた。テントから外を見ると、一人一人仲間を起こしたムスターファがメッカに向かって礼拝していた。今日、彼らは家族が待つキャンプに着く。旅の無事をアッラーに感謝してコーランを唱える声は、いつになく弾んでいる。

いよいよ終盤。アザライの誰かには一緒にトンブクトゥに行ってほしい。「塩の家」に入る姿を見せてほしい。トンブクトゥに一緒に行くのはどの隊員か。あるいは誰も我々と一緒に出発しないことだってある。それは我々のラクダ七頭だけで町に向かう、バーを八枚だけ積んだ小さなアザライだ。意外と最後はこんな形で終わるのかもしれない。

アジィたちも心が弾んでいる。もうじき旅が終わる。アブドラたちとの契約は四〇日となっている。だから何とか四〇日を目途《めど》に町に着けるようにしたい。

寝袋の中で汗をかいた体は寒さを感じる。親指は腫れているが動く。カメラの操作はできそうだ。起きがけにまず着るのは撮影小物が入ったベスト。ポケットにいろんなものが入って、いつも防弾チョッキのように重く膨らんでいる。これに三脚を担いで歩くと、アブドラは「アルカイダだ」と言って笑ったものだ。朝はゆっくりで、もうぐうたらなアブドラを叩き起こすこともなくなった。

出発に先立ち、一〇〇メートル先でアザライを待った。別れの日の彼らの勇姿を撮りたい。

眩しい白い砂、緑の草。アザライが横を通り過ぎていった。誰も振り返らなかった。毎日、声を掛けてくれた隊員たちは前を向いて、黙々と歩いている。彼らの心は家族のことでいっぱいだ。その後ろ姿を眺めながら、これで私とアザライの旅は終わった気がした。

午前一〇時半、ラミィが一五頭のラクダを連れて南西の方角に離れていった。彼の家族がいるキャンプは、塩の道から西に五キロ離れている。相棒のムスターファがラミィを途中まで見送った。ラミィは別れの言葉も言わずに行ってしまった。それは再会をするということなのか。我々はムスターファのラクダを引いて、黙々と歩いた。キャラバンの四分の一が

から皆がアルカイダの戦士とはやし立てた

欠けると、急に小さな集団になった気がする。大きな枝が切り落とされたような寂しさを感じた。

昼、三列縦隊で進んでいたキャラバンは、長い一本の列になった。最後尾にいるムスターファがカメラに手を振った。こんな仕草は初めてだ。

手の具合が良いので、ラクダが動かないように手綱を押さえてもらいながら首からよじ登る。怪我をしてから初めての飛び乗りはうまくいった。ラクダの足跡、ヤギやロバの足跡、鳥の足跡、虫や小動物の足跡、ありとあらゆる足跡がラクダの上から見える。生きている砂漠の砂は白からベージュ色に変わり、昨日までとは違った世界を感じた。

カメラと三脚を担ぎ、撮影小物が入ったベストを着用する著者。重装備の格好

野営地から望むムスターファの家族が住むテント

午後三時過ぎ。さっきからアブドラが「テントが見える」と指差して教えてくれるのだが、なかなかわからない。彼らの遠目の利く視力にはいつも驚く。まもなく右側の砂丘にモハメッドのキャンプが私にもはっきり見えてきた。モハメッドが一時間も探し続けてやっと見つけた家族の居場所だ。

モハメッドとアルファが家路についた。一八頭のラクダを連れて、また一つグループが離れて行った。遠くに見えるテントから、モハメッドの家族が飛び出してくるのが見える。女たちが六人総立ちになって舌を震わせた甲高い歓喜の声を上げた。

とうとう我々とムスターファだけ、二六頭のキャラバンになってしまった。もうすぐ彼のキャンプに着く。砂丘の途中に八歳の少年が立っていた。ムスターファの次男ムーサだ。彼は最後尾のムスターファに吸い寄せられるように黙ってついて来た。我々がそばにいるので、ムスターファは笑顔を見せない。砂丘の上でキャラバンは止まった。塩は彼のキャンプに運ばないで、我々の野営地に置いた。それは我々と一緒にトンブクトゥに行くということなのか？

丘の上から五〇〇メートル南東に、ムスターファの家族が待つ二張りのテントが見下ろせる。四歳の息子が迎えに来て、初めてムスターファが笑った。夕日が砂丘の風紋に深い影を刻んで沈んだ。静かな砂漠の景観が野営地から三六〇度見渡せる。見晴らしの良い丘で夜を過ごすのは最初で最後だ。ラクダの餌になる草とアカシアが点々と見えた。

ムスターファは、奥さんの待つテントになかなか行かない。遠慮しているのだ。のこのこついて来た我々は罪なことをしている。ムスターファが新しい服に着替え出し、水で頭を撫《な》でつけた。奥さんへの思いやりと愛情を感じる。これに刺激されてアブドラもひげを剃《そ》り始めた。ムスターファのテントにお邪魔する魂胆か？　アブドラは今夜トンブクトゥ行きを打診すると言っていた。わずかな謝礼は出そう。トンブクトゥの町に入るアザライを見せてほしい。「塩の家」にバーを運んでほしい。

アジィたちの労をねぎらって、ムスターファからヤギ一頭を一万五〇〇〇ＣＦＡフラン（約三〇〇〇円）で買った。

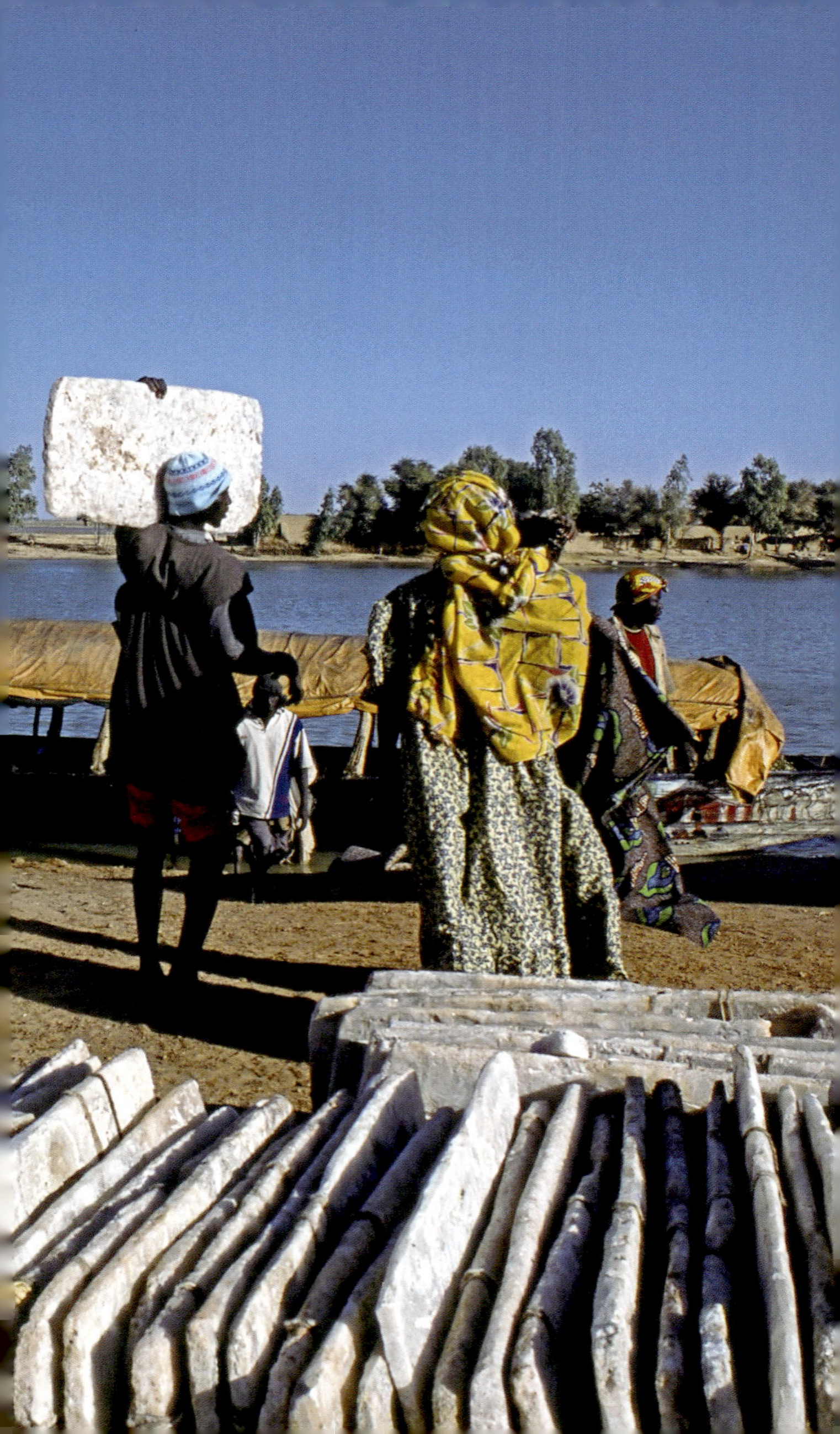

第四章 旅の終わりの試練

トンブクトゥの港カバラに集められた岩塩とニジェール川。ここからピロツクという板船に積まれ、川を遡ること四五〇キロ、集散地モプティの町まで四日間かけて運ばれる

ムスターファの家族

二転三転して、結局、我々だけでトンブクトゥに向かうことになった。別れの挨拶《あいさつ》を兼ねて、ムスターファの家族を記念に撮らせてもらおうと思った。

朝八時過ぎにテントを訪ねると、彼は子供たちと焚《た》き火を囲んでいる。我々が来るのはわかっていたらしい。余り熱心に火を焚いているので、我々をもてなすお茶を沸かす準備をしているのかと思ったら、焚き火の下でパンを焼いていた。粉を練って、熱した砂の中に埋めておくだけでパンが焼ける。熱い砂がオーブンの役目をする。これはサハラの人々がパンを焼く調理法だ。子供たちにとっては、クッキーが焼きあがるのを待つような楽しみがある。

大小二張りの白いテントがある。大きなテントに老女と少女が座っていた。ヤギのミルクが入った革袋をゆすってチーズをつくっていたが、我々を見て顔を隠すように後ろを向いた。外にゴザと絨毯《じゆうたん》が敷いてある。絨毯が来客用なので、型通りの挨拶を済ますとそこに座った。

ムスターファに、ダメ元で家族の記念撮影をさせてほしいと頼んでみた。彼は妻をアジィやアブドラの好奇の目に晒《さら》したくないので、

「妻のテントの中ならいいですよ」

思いがけない返事がきた。私だけムスターファのあとについて、隣の小さいテントに向かう。

子供たちのためにパンを焼くムスターファ

彼の妻と五人の子供たちが座って待っていた。ムスターファの妻は細面の美しい素顔を私に見せたが、写真を撮る段になって、黒い薄手のショールを頭から被ってしまった。彼女だけ布を被って座っているのがファインダー越しに異様に感じたが、これこそ、よそ者に対する彼らの習慣がよく表れた一枚だった。二回シャッターを押した。それ以上撮ると、私と彼らの間に深い溝ができそうな気がした。

撮影が終わると、ムスターファが「トンブクトゥに塩を運ぶのは一週間後だが、謝礼を払ってくれれば明日出発してもいい」と、アジィに伝えてきた。金額は七万五〇〇〇CFAフラン。日本円で一万五〇〇〇円。

昨日、アブドラがムスターファに、「五万CFAフランを払うから明日出発してくれな

前には、ヤギのチーズをつくる革袋が置かれている

ムスターファ一家の記念写真。長男と次男は不在。ショールをかぶった妻の手

いか」と頼んでくれた。しかし「留守の間にたまった仕事が山積している」と断られていた。アジィの手前、断ったのだろう。金額はムスターファが私に直接言ってきたわけでないが高かった。これ以上、出発を長引かせるわけにいかない。明日の出発を約束してテントをあとにした。

別れの挨拶が、トンブクトゥまで先送りになった。あと四日、それはちょうど四〇日にしてトンブクトゥに着くということだ。四〇日間の契約が完結する。アザライは三分の一に減ってしまったが、素晴らしい。謝礼に払うお金は、二人の仲間にオーバーチャージを払うことを考えれば同じことだ。

午後、ムスターファのラクダが近くの餌場《えさば》に連れて行かれた。我々のラクダも一二歳の長男タバラが引っ張っていった。サハラの子供たちは四歳くらいから水を汲《く》み、ラクダを操って逞《たくま》しく親の仕事を手伝っている。ヤギの世話は主に女たちの仕事だ。ムスターファの子供は息子が四人、娘が三人。たくさん子供がいて初めて遊牧の生活が可能になる。家族が多ければ多いほど遊牧の生活は機能する。家族は何にも増してかけがえのない宝であり、サハラの大自然の中で生きていくためのすべてだ。

ふと、この砂漠で生きていくのは、そう難しくないように思えた。彼らがアッラーの恵みというように、家族さえいれば必要なものはすべて砂漠が与えてくれる。それでも男たちは毎年一回だけアザライをし、トンブクトゥの町でバーを金に換えて一年分の雑穀と日用雑貨を手に入れる。無駄のない身の丈の生活を送っているが、より快適な遊牧生活をするために、まとまった現金が必要なのだ。そういう意味で、塩は彼らにとっても大切な宝物だ。

ムスターファたちベラビッシュ族は、素朴な遊牧民というより商才に長《た》けた人たちだ。遊牧を中心に、あるときは塩を運ぶアザライを、またあるときはキャラバンの護衛を、そして鉱山の労働にも従事する。生きるための逞しさと優しさで、臨機応変に大自然と社会環境の変化に立ち向かってきた。自然に負ければ生きていけない。助け合わなければ生活が成り立たない。過酷《かこく》なまでに厳しい世界で生きていくための知恵を、自然と共存する形で持っていた。

明日は最後の旅立ちだ。ムスターファと一緒にトンブクトゥに向かう。塩がどこに運ばれていくのか、「塩の家」なのか、個人の家なのかわからないが、どちらでもいい。それで撮影が十分とは言えないものの目的は果たせる。三一年前、ハウサ族のキャラバンに同行した時には必死に撮影したものだが、この歳になると、したくてもできない気力の衰えを感じる。アザライに対する気遣いが迫力不足を招き、ガムシャラな撮影ができなくなった。相手を突き飛ばしてもシャッターを押す攻めの撮影をしていない物足りなさを感じた。しかし往復一五〇〇キロ歩くという、自分自身の達成感はある。これは歳をとったということか。

トンブクトゥへ向けて出発

三七日目の朝を迎えた。外は暗く、珍しく地平線が霧に包まれている。数日前まで朝起きると六〇近いラクダの鞍《くら》がバーの上に載せてあったのに、今は三分の一しかない。

ムスターファの長男タバラがラクダを連れて来た。ラクダを一頭ずつ座らせて、私でも躊躇《ちゅうちょ》するバーを渾身《こんしん》の力を込めて持ち上げ、反対側にいる父親と呼吸を合わせて積んでいく。アザライの社会では、塩の積み下ろしは一二歳の少年でもする仕事なのだ。

午前八時過ぎ、長い道中の一休みを終えて、また歩き出した。ムスターファのテントを右に見て歩いていく。霧が立ち込めた朝の空気は、手がかじかんでカメラの操作がしづらいほど冷たい。砂のついたカメラの掃除をしながら歩いていると、二人の幼い息子たちがついて来た。母親がテントのそばで心配そうに見ていたのを察して、ムスターファが子供たちを連れてテントに向かった。次男のムーサが一時間前から先頭のラクダの手綱を握って、数珠繋《つな》ぎにされるラクダが増えるたびに前に移動させていた。その彼は、今、父親のラクダを引いて歩いている。私がムーサから手綱をもらうと、彼もさよならを言わずに帰って行った。

後ろを振り返ると、出発の荷造りを手伝ってくれた近所の男たちも煙のように消えていた。何も言わないで静かに見送っていくのか。声をかけずにじっと見送る人たちがあまりにも切な

岩塩を積むムスターファ親子。岩塩のバーを持つのが長男タバラ。次男ムーサは荷造りを終えたラクダを引っ張っていく役目

い。出迎えは狂喜して恥ずかしいくらい派手なのに、見送りはテントの陰で、家族が、妻や子供たちがそっと見送るだけなんて……。これもサハラの人々の生き様だ。涙が止まらない。このような人たちがいたことに泣けてしまう。涙は、四〇日近い旅の気負い、願望、不安、喜び、怒り、すべての感情が噴き出た涙でもある。この旅で泣いたのは二回目だ。

ムスターファが走って戻って来た。霧が深く立ち込めた周囲の暗さと別れの湿っぽさを吹き飛ばすような明るい声で、一言話しかけてきた。

「アッラーのご加護を！　あなたのためにトンブクトゥに向かっているのですよ」

片言のフランス語で話すその言葉は、ご機嫌で、町に行くのが楽しそうだ。ムスターファはしばらく家族と過ごしたかったのに、私が無理やり発《た》たせてしまった。手綱を彼に返しながら、顔を見るのが少しつらかった。

五九頭から二一頭に減ってしまったラクダのキャラバンが、霧の中に一列になって見える。ムスターファは一四頭のラクダを連れて来た。タウデニ鉱山を発つ時、キャラバンが三分の一に減るとは想像していなかった。数日前まで先頭に並んでラクダを進めていたラミィに代わり、アジィとムスターファが並んで歩いている。隊列が一列になって最後尾に一人いるのが寂しいのだ。時々振り返ってはラクダの列を確かめるだけで、誰も後ろにいない。ロープが途中で切れてもすぐわかるように、自分の大きなラクダを最後尾に繋いでマークしていた。ムスターファは家族のキャンプに向かった時の服装で歩いている。それはトンブクトゥの町を意識しているからだ。オレンジ色のセーターの上に、ウールのジャケットを着ていた。

太陽は厚い雲の中に隠れて見えない。辺りは暗く、今にも雨が降りそうな、それどころか天変地異が起きそうな不穏な空模様だった。ラクダの餌アファゾンが消えた。代わってカヤツリグサに似た四〇センチくらいの植物が大地を覆う。砂漠は小刻みに小さな砂丘を増やし、登ったり下ったりを繰り返して、少しずつ標高を下げていった。

ラクダが止まった。ラクダの手綱を肩にかけて先頭を行くアジィが、ラクダの轡《くつわ》が外れているのに気がつかないで歩いていた。思わずアブドラと顔を見合わせて笑ってしまった。普段なら手綱から伝わってくるラクダの息づかいを敏感に感じとるのにどうしたことか。今日はアジィの家族がいるキャンプの近くを通る。そのことを考えているのだ。

正面の砂丘を越えると遅い昼食が始まった。トウジンビエを臼《うす》で潰《つぶ》したランチボールはない。アジィが持っているモロコシとバオバブを混ぜた粉を、水に溶いて胃袋に流し込む。アブドラはこの流動食が体に合わないらしく、代わりにスキムミルクを水に溶いて飲んでいた。

午後四時、丘の上でキャラバンは止まった。アジィの家族のテントが近くにある。この時間に野営するとは聞いていなかったので、先に進むように言った。こんなことでは四日目の昼までにトンブクトゥに着きそうにない。夕方に着いても「塩の家」の撮影は難しい。夜ならなおのことだ。それを避けるためにもできるだけ先に進んでおきたい。この期に及んでトンブクトゥ到着の失敗はしたくない。

だが、アジィとアブドラが口を揃《そろ》えて「必ず四日目の昼に着くから大丈夫、約束する」と頑なに言い張った。それを一〇〇パーセント信用するわけにはいかないので条件を出した。「明日から一時間余計に進むように」。それでお互い納得した。せっかくアジィの家族がここにいるのだ。野暮なことはこれ以上言いたくない。

豪雨に晒される岩塩

大粒の雨が降って、みんなの顔が曇った。雨が降れば塩が融《と》けてしまう。品質にも影響するので雨は誰も歓迎しない。その願いもむなしく、まさかの雨が降ってバーが濡れてしまった。雨は滴となって、バーと接する地面に溜《た》まるほど降り続いた。

夜、大きな雷が鳴り響いた。アブドラを震え上がらせるほどの稲妻が東から北の空を切り裂いて、恐れていた本降りの雨が襲ってきた。ムスターファの岩塩が心配になった。これ以上降らないように天に祈る気持ちだ。このまま降り続いたら、岩塩はいったいどうなってしまうのだろう。融けて跡形もなくなるのか。考えたくもない。おそらく恨まれるだろう。無理やり出発させた原因は私だから。ムスターファはその怒りを、当然私にぶつけてくるだろう。融けて消えてしまった塩を弁償してくれと言うかもしれない。

朝から地表近くに立ちこめた霧は、水蒸気をたくさん含んだ雨雲となってまだ頭上にある。初めてムスターファと焚き火を囲んだ。彼の表情が、声が沈んでいくのがわかる。アジィは子供を連れて家族のテントに帰った。今夜は久しぶりに一家団欒《だんらん》で過ごすのだろう。これで四日後のトンブクトゥ到着が遠のいた気がする。しかし日付は違っても、「塩の家」での撮影ができる時間帯は選んでくれるだろう。

テントの中に雨の滴が落ちる。明け方、五時過ぎまで雨が降り続いた。バーは濡れて、白い輝きが消えた。水を吸って寒天のような色に変わっている。あと三日でトンブクトゥに到着するというのに塩が雨に打たれるなんて、よほど運が悪いとしか言いようがない。指で地面の砂を掘ると、五センチの深さまで水が滲《し》み込んでいた。地面からも塩が水を吸い上げている。水避けの溝を掘るか、乾いた砂の上に移さないと塩は割れてしまうだろう。

午前八時、悪霊が取り憑《つ》いたように、また雨が降り始めた。家族のテントから戻ったアジィは、焚き火に手をかざしてじっと動かない。ムスターファは手で砂を掘ってため息をついた。それを見ていたアブドラがニヤニヤ笑っているのが不気味だ。アジィがのんびりしているのが気になる。雨が止《や》んで日が射すのを待っているのだ。濡れてしまった塩を乾かすために、今日一日ここに留《とど》まるか否か決めかねている。昨日、あんなに四日目の昼までにトンブクトゥに着くから心配するな、保証すると言った手前、一日遅れることを言い出せないでいる。

ムスターファが健気なことを言った。

「丸一日遅れるようなことになったら謝礼は要らない」

今度はアブドラが渋い顔をした。人の不幸を見て喜んでいた彼が急に沈み込んだ。彼は、トンブクトゥ到着が一日遅れることなど考えてもみなかった。ムスターファの災難で、一日千秋の思いで待ちわびた終着駅が遠のいたことに気がついた。

ゴール寸前で、足止めを食らった。誰も予想だにしない、信じられない雨が降って、みんなびっくりして戸惑っている。ムスターファにとっても初めての経験で、どうしてよいかわからないと頭を抱えた。テントとシートをムスターファのいちばん上質な岩塩に掛けた。これで八枚のバーが助かる。アブドラの毛布も掛けた。しかし一四のバーが雨ざらしだ。あとは運をアッラーに祈るしかない。

気まぐれな天気はムスターファにとっては受難の雨だが、一方では大地を再び緑の草原に変えてくれる恵みの雨だ。ヤギやラクダが食い尽くした大地は、再び蘇《よみがえ》る。アカシアの木も、食い尽くされた葉をまた芽吹かすことができる。砂漠にとっての恵みの雨は、私にとっても時間が止まってしまった砂漠の旅を盛り上げてくれる変化と驚きの雨になった。

アジィが重い口を開いた。

「今日はここに足止めになる。俺は、ムスターファにいつ出発するかなんて、とても聞けないよ。彼がどうするのか考えるまで、そっとしておきたい」

そういうわけで水を汲みに行くこともできない。水を汲むということは出発を意味するからだ。もし我々が何か行動を起こせば、ムスターファを急《せ》かせるだけだ。それはもっとまずい結果になる。バーが壊れるのは見たくないし、耐えられない。ムスターファと私にとっては、最悪、幻のアザライになりそうだ。岩塩の消えたキャラバン。それは手ぶらでトンブクトゥに帰

豪雨に濡れ、変色してしまった岩塩。一部、テントや毛布をかけてみた

る旅だ。雨は我々四人にそれぞれの痛手を与えた。よそ事のように笑っていたアブドラも、出発できない深刻な事態がやっとわかったようだ。私もトンブクトゥで旅の余韻を味わう時間などなくなった。

空の暗さと朝靄《あさもや》の湿った空気は、雨を断続的に降らせた。純度の高い岩塩ならいざ知らず、タウデニのバーは複数の質の違った結晶が集まってできている。その結晶の境目に雨や水分が滲み込んで塩を融かすので、割れやすくなっている。この様子では今日は出発しないほうが賢明だ。丸一日遅れても、安全にバーが届けられるならその方がいい。

また音を立てて雨が降ってきた。地面も空気も湿って、直《じか》に体に湿気が滲み込んでくる。服と靴がぐしょぐしょに水を吸って、腐ったゴミのように見えた。焚き火で温められた靴からは、カビくさい臭いがした。すえたアンモニア臭は、衣服から立ち上がる酸化した汗だ。すべてが惨めったらしい気分になってくる。

散歩から戻ると、見たことのあるオーバーコートを着た男がいる。ラミィだった。彼はムスターファと一緒にトンブクトゥに塩を運ぶつもりでいた。ムスターファのテントにラクダを連れて行ったところ、すでに出発した後だと知り、父親と夜駆けして我々を追って来たのだ。だが、この急ぎ足は不運だった。移動中、雨に遭って四分の一のバーを割ってしまった。

午後、雨は止んだが天気は回復していない。砂を掘ってみると、さらに深く水が滲み込んでいた。昨日から降った雨は相当な量になる。岩塩を濡らしたままで、もう一日過ごすことになった。今夜の野営で四〇日以内にトンブクトゥに着くという約束はなくなった。アジィとムスターファはアジィの家族のテントに雨宿りに行ったままだ。野営地には私とアブドラが残った。

一旦あがった雨は、夕方また降り出した。アカシアの倒木を見つけてきたのが、今日唯一の明るい出来事になった。この木を燃やせば今夜の雨はしのげる。雨はタウデニの労働者とアザライの血と汗の結晶である岩塩を融かし始めた。この分では明日の予定もわからない。

夜になって星空を見た。雨はあがっているが、かなり砂を濡らした。地面を掘って乾いた砂をテントの下に敷く。寝袋も濡れてしまった。今日の夕食はご飯とヤギのスペアリブ。久しぶりに美味《うま》い食事だった。しかし誰も笑わずしゃべらず、静かに横になる。

朝六時のアラームが鳴った。一晩中火を焚いて、焚き火のそばで雑魚寝《ざこね》した。晴れてはいないが雨は止んだ。暖かい朝だが濡れた体は寒い。塩をどうするのか、乾燥させるのか、そのまま強引に出発するのか、もう一日待つのか。一〇年ぶりに降った雨に我々は釘づけにされている。ここから九〇キロ南に終着駅トンブクトゥがある。あと三日の距離を残して動けないでいる。水も底をついた。井戸は二キロ南にあるが誰も汲みに行かない。ポリタンクの底に残った水は、泥が沈殿している。アジィは「トンブクトゥに行く時に汲むから」と言うだけで、動こうとしない。少しずつ誰もが投げやりになってきた。アジィがここでの野営を言い出さなかったら、我々は数十キロ先を進んでいた。そこで雨が降ったかどうかはわからないが、トンブクトゥが近づいた分だけ志気は上がっていただろう。

熱波の砂嵐

冷たい冬の空気を風が運んでくる。黒い雲が西から東に動いている。さらにその上に厚い雲があった。場合によっては、もうひと雨来そうだ。アジィは家族のキャンプに行ったまま戻らない。それは出発の見通しが立たないからだ。ロバの親子が近くで見ている。彼らの視線の先にバーがある。その岩塩は濡れたままだ。

午前九時、太陽は見えないが雨雲は去った。視界も良くなって、湿度も下がった。この数日間、ムスターファの顔をまともに見ることができない。彼は塩のことを半ば諦《あきら》めている。もちろんトンブクトゥで買い叩《たた》かれても塩を売り、その金で一年分の穀物などを買うだろう。だが、余ったお金で家族に土産を買って帰る思いは、今は吹き飛んでいるだろう。最悪の場合、異教徒と旅したのがいけないと、私を疫病神扱いするかもしれない。彼は出会った最初から私との旅を望んでいなかった。一か月一緒に旅して友だちになってはいるが、そう思いたくなるのが人間だ。疫病神の異教徒と旅するのが嫌だと言うなら、ここで終わってもいい。我々には二頭のラクダに積んだ八枚のバーがある。ミニ・アザライで町に帰ればいい。


三日ぶりに太陽を見た。ムスターファがロープを持って放し飼いのラクダの方に出かけた。三本のロープでは全部のラクダを連れて来ることはできない。何をしに行ったのだろう。いずれにしても彼が動いた。動きに張りを感じる。ラクダ使いのアジィが空になった水袋を手に持っている。やっと重い腰を上げて水を汲みに行った。

日が射し、風も吹いてきた。塩を乾かすには絶好の日和だ。アブドラは「羽があったらトンブクトゥに飛んで帰りたい」と冗談を繰り返し言う。何度も言うところをみると、本当に帰りたくてしょうがないのだ。出発できなかったら、今夜、夜逃げするかもしれない。

午前一一時、暑い陽射《ひざ》しを受けて焚き火の前にいる。久しぶりに太陽を浴びて、上着を脱いだ。やはり暑いのは大変だと思いながらも塩が乾いていくのが嬉《うれ》しい。井戸に水汲みに行ったアジィとムスターファは、二時間近く経ってもまだ戻って来ない。気分の浮き沈みが激しいアブドラは「今日もここで一泊だ」とため息をついた。彼は毎日、天国と地獄を自分でつくり上げている。彼が眠れないほど忙しいと言っていたわけはこれか。半分ウツの状態になっているのかもしれない。

何日かかってもいいから、水をたっぷり吸った岩塩の末路を見たいと思った。どのような方法でトンブクトゥに運ばれるのか、そして、その結末は。下手したら、塩は融けて手ぶらで帰るかもしれない状況だが、今更じたばたしても始まらない。これから起こることがすべてだ。それを素直に受け入れようと思う。食料がある。滞在日数もまだ少し残っている。いずれにしても、まだ余裕がある。初めて砂漠の不思議を感じた。凄《すご》い旅をしていると思った。

バーは屋根形に立てかけてある。数日前まで白かった塩が水を吸って灰色に沈んでいる。この状態では動かすのが無理だ。アブドラの心配が的中しそうな状態だ。お金ほしさに私をタウデニに誘ったアブドラが哀れになった。彼がその気にならなければ、タウデニ行きを頼むことはなかった。

彼にアザライの旅を任せたのは、トゥアレグ族だったからだ。タウデニに行った経験はないが、ラクダを十分使いこなせるのはもちろん、道中の安全も考え、もし襲撃してくるとしたらトゥアレグ族かレギバット族だろうから、アブドラがいれば命までは取られないかもしれない、という保険の意味もあった。甘すぎる考えで彼に決めたのだ。

ところが、いざフタを開けてみれば、ラクダの扱いが下手な上に旅の計画もめちゃくちゃ、乾燥野菜のない栄養バランスの悪さで、みんな栄養失調寸前。トゥアレグ族という以外全部嘘《うそ》という有様だ。仕事ほしさに私に近づき、ラクダでタウデニに行くことで男を上げたかっただけなのだ。トンブクトゥのガイドは、皆、タウデニに行ったという勲章をほしがった。それは一人前の「サハラの男」を意味しているからだ。だとすれば、内容はどうであれ、アブドラは一人前のサハラの男だ。胸を張って町に凱旋《がいせん》すればいい。

アジィたちが、二頭のラクダにたくさんの水袋を積んで戻って来た。せいぜい二日半の旅なのに水をどうするのだろう。不審に思っていたらアジィの家族のために汲んできたのだ。

予定を三日オーバーしたことが、いろいろな面で支障をきたした。まずトイレットペーパーが足りない。最後はイスラム式に水を使うことになる。三〇キロあると自慢していた砂糖が底をついてきた。ピーナッツはあるが、乾パンとナツメヤシの実がない。米とタウデニで補給したマカロニはあるが、スパゲティがない。

夜中の一一時半、突然テントを飛ばすような勢いで西風が吹いた。テントのポールを掴《つか》んで飛ばされないように頑張ったが持ち堪《こた》えられない。外に出る余裕がないので、アブドラを呼んでテントを支えているロープを外してもらった。テントを東側に倒し、ひと息ついたら、東側から風が吹き返してきた。強風は止みそうにないので、テントを完全に倒した。その瞬間、今度は南側から火事のような熱風が襲った。初めて体験する火のような砂嵐は、砂という砂をすべて巻き上げ、すっ飛ばして、悪魔が怒り狂ったかのように暴れまくる。

テントの中に撮影機材がある。体を重石にしてうつ伏せになった。飛んでくる砂が痛い。頭だけテントに潜りながらヤバいと思った。この異常な熱風は、次に雨を運んで来るだろう。地獄の一丁目に差しかかったような気分だ。暗闇《くらやみ》の中で全く状況を把握できなかった。

嵐は五、六分で、ぴたっと止んだ。何が起きたのかアブドラと顔を見合わせた。まだ何か起こりそうな不安を感じた。身支度して、カメラをリュックにしまい、ほかの荷物も飛ばされないようにラクダの鞍に結わえつけた。テントの上に腰を下ろしていると、今度は凄《すさ》まじいブリザードのような横殴りの砂が襲ってきた。座っていることができず、再度倒したテントの入口に上半身だけ潜った。下半身はテントが飛ばされないように股で入口を挟み込んで、うつ伏せになる。

我々は沈没寸前の状態で大自然の猛威に晒されていた。暴風が、砂が、雨がトンブクトゥの方向から襲ってきた。とうとう来たかという感じだ。これ以上暴れても風だけだったら助かる。雨も少しならいいだろう。しかし、あの大粒の雨だったら塩は全滅する。荒れ狂う砂漠の中で、ただ嵐が収まるのを待った。深夜の悪夢だ。私はアッラーの怒りを買ってしまった。みんなもそう思っているだろう。

雨と風が砂粒と一緒に激しくテントを叩いた。誰も立っていない。懐中電灯で辺りを照らしたが何も見えない。根こそぎもぎ取られた草が飛んでくる。ロバの糞《ふん》も飛んできた。フラッシュを焚いて写真を撮ろうとしたがシャッターが下りない。

日付が変わった。熱い空気が漂っている。一時間経ってやっと嵐が収まった。目が開けられないほど埃《ほこり》がひどい。撮影できなかったのは残念だが、大雨が降らないでよかった。この砂嵐は幸運にも塩を乾燥させた。嵐と戦っている間に四〇日目を迎えた。

三日ぶりの旅立ち

悪夢のような夜が明けた。深夜の嵐は野営地を襲い、すべてのものをすっ飛ばして駆け抜けていった。ムスターファが起きて火を焚いている。アジィがいれば彼も気が紛れるのだが、私には慰めや元気づける言葉が見つからない。アブドラは遅くまで起きていたので、泥のように眠っている。アジィが来ると、ムスターファの顔が緩んだ。夜の雨がたいしたことなかったので笑顔が出た。その顔は出発できそうだと言っている。キャンプの周りは砂が箒《ほうき》で掃《は》いたように飛ばされて、硬い地面が露出していた。

一一時になって三日ぶりに出発の準備が始まった。塩は完全に乾いたわけではないが、これ以上待つのは限界だった。青空が頭上に広がる。昼の暑い時間帯だが出発できるのは嬉しい。

最悪の三日間、家族と一緒にいられたアジィにとっては恵みの時間を過ごしたことになる。アブドラは荷造りが始まるまで「今日もダメだ」とため息ばかりついていた。そして「一足先に町に行って様子を見てきたい」とまで言い出した。それは敵前逃亡というものだ。どの面下げて一人だけ帰れるのか。笑えない。

いろいろな物が足りなくなるなかで、ミネラルウォーターだけ五本残っていた。一日一本飲めるのは嬉しい。今や美味《おい》しい水を飲めるのが最高の幸せだ。コーヒーはなくなった。紅茶は三袋。一日一袋は厳しい。キャンプでの楽しみが半減する。そしてレモンが一個。それも雨に濡れて腐ってきた。ラクダが大声で泣き喚《わめ》いた。今までは呪われた嫌な声に聞こえたが、今日は嬉しい出発の合図だ。一二時出発。ラミィの姿はないが、いずれ後を追いかけてくるに違いない。昼下がりの湿度の高い空気の中を、だるくなった体を引きずって歩き出す。遭難しかけた船がまた動き出した。

我々のラクダが一頭足りない。塩を積んで来たラクダの一頭がいない。アジィが、家族のキャンプに塩ごとラクダを置いてきたのだ。ミニ・アザライを組むという最後の切り札もこれでなくなった。あとはムスターファの塩がトンブクトゥに無事着くだけだ。正直言って、アジィが塩を途中で置いてきたのは少しショックだった。借りたラクダの謝礼に使うため塩を半分置いてきたのだろう。

ムスターファが唄《うた》っている。晴れやかな顔は、奇跡的に岩塩が一枚も割れないで出発できたからだ。アブドラはいつものように隊を離れて遥《はる》か前方をすたすた歩いている。トンブクトゥまで走って行く勢いだ。ラクダの速度が遅いので、繋いだロープの間隔を短くした。短くすることでロープに遊びがなくなり、ラクダが草を食べられなくなる。


東の空に満月に近い月が昇り、月が太陽に代わって明るく輝き出す。草むらで鈴虫のような虫の鳴き声を聴きながら、月明かりの砂漠を南下する。監視ができるように長い一列のキャラバンを二列にして、夜のロープ切れに対応した。

アジィが耳に手をかざして気持ちよく唄い出す。その唄につられて、人もラクダもトンブクトゥに吸い寄せられるように快調に歩いた。虫の音が一段と賑《にぎ》やかになってきた。これも珍しい雨のおかげだ。アジィとムスターファが虫と競い合うように唄いまくっている。二人ともご機嫌だ。アブドラも元気を取り戻した。トンブクトゥに近づいていることが、みんなを明るくしている。それは誰もが待ち望む終着駅だった。

朝六時、気温一八度。昨日からアジィたちのメッカに向かって祈る祈り方が変わってきた。熱心さと丁寧さが加わって、大地を抱きしめるほどの礼拝が続く。それは明日トンブクトゥに着くという、旅が無事に終わるのをアッラーに感謝しているのだ。すべてうまく運んでいる。一度はダメかと思った塩も大丈夫。これを神に感謝しないではいられない。

二〇頭のラクダが元気に歩き出した。この船団は満身創痍《そうい》。ボロボロだが沈んではいない。バーを壊さず、着実にトンブクトゥに向かっていた。明日の昼前後にトンブクトゥだ。なんと私の口から明日という言葉が出た。この言葉の響きは、凄く心地良い。四一日を費やして六〇キロ手前を歩いている。風は追い風。太陽はうす雲に覆われて優しい。砂漠の大地をベルトコンベアで静かに確実にトンブクトゥに運ばれているような感じがする。今や行く手に我々を遮る物は何もない。悪さをするのはラクダのノミやダニ。あちこち痒《かゆ》い。明日着いたら、服を全部脱いで捨てるつもりだ。

陽は西に傾いて厚い雲の中に沈んだ。トンブクトゥまで一五キロの距離にある。今夜は街灯《あか》りが見えるかもしれない。雲を通して月光が地上に届いている。最後の夜の行進だ。蛇が徘徊《はいかい》する暗い夜道の危険を避けてラクダの上にいた。風が強まり、また砂嵐の形相を見せてきた。

午後八時半、最後の野営地に着いた。アジィとアブドラがラクダから降りて、砂丘の反対側にラクダを誘導する。今夜の野営地は強風を避けた窪地《くぼち》だが、吹きぬける風は野営地に吹き込んで容赦しない。小さな砂丘が連なるたくさんの窪地は、ラクダの餌場になっている。

遅い夕食の準備にかかったアブドラが「キャンプ地はトゲだらけだ」とヒステリックに騒いだ。無造作に置いた毛布に、たくさんトゲが刺さってしまった。トゲの付いた草の実が、風に

トンブクトゥ到着前日のキャラバン。先頭は疲れ切ったアジィ。20頭のラクダが車の轍に沿って進む

運ばれて野営地に吹き溜まっていたのだ。この大騒ぎで夕食は砂のたくさん入ったマカロニ。とても食べられない。お湯で洗ってもダメで捨てた。ひどい最後の晩餐《ばんさん》だった。

キャラバンが荷を下ろした場所は風が巻き込んでくるので、柳の生えたところを見つけてテントを張る。三〇メートル離れたアジィたちの野営地は、砂煙が舞ってみんなどこで寝ているのかわからない。日付が変わろうとしている。テントの外は凄まじい嵐だ。風が砂を飛ばしてテントの中にまで入ってくる。最後の夜が明けるのに、なかなか寝つけない。強風はサハラの冬が終わり、猛暑の季節が始まる前触れである。

旅の終着駅トンブクトゥ

四二日目の朝。曇っているのか、晴れているのかわからない天気だ。本当に最後の日になった。テントの中は砂だらけ。砂の中からズボンを掘り出し外に出た。お茶を飲みに焚き火のところに行くと、アジィたち三人は白粉を叩いたように砂埃で顔中真っ白。昨夜は砂の中に潜って寝ていたような形相だ。ムスターファが困惑気味に、頭から被った砂を払っている。これからトンブクトゥの町に行くので汚れを気にしていた。

午前九時近く出発。万歩計をゼロにした。どのぐらいの歩を数えたのか、今は想像できない。最後の旅。最後の行進。二〇頭のラクダが順調に歩き出す。深い車の轍《わだち》が嵐で埋まってしまっ

最終日の朝、思い思いの表情で焚き火にあたる。左からムスターファ、アブドラ、ラクダ使いのアジィ。アブドラだけが嬉しそうに笑っている

た。逆に歩きやすくなったが、トゲのある植物の実が地面に散乱して、行く手を阻む。アジィたちはトゲがくっつかないようにブーブーの裾を捲《まく》り上げた。彼らの骨と皮だけの痩《や》せた足が見える。ラクダは肉と脂肪を削《そ》ぎ落として過酷な長旅に耐え抜くが、我々も終着駅を目前にして、すっかり痩せ細っていた。

トンブクトゥの町から戻って来たアザライとすれ違った。たくさんの穀物を積んだラクダが、我々に道を譲って通り過ぎた。塩を売った金で一年分の穀物などを買い、家族が待つキャンプに急いでいる。あの姿は、数日後のムスターファだ。

もうすぐ町に着くというのに、はしゃぐ気持ちになれない。「塩の家」を見るまで安心できないし、旅が終わらないからだ。アザラ

イとの旅をどう締めくくるか、ずっと考えていた。「塩の家」がその終わりをしてくれる。「塩の家」を撮影するまでは、心が休まらない。

思えば、私が望んだアザライとの旅は何度も危機に瀕した。アザライが動けば我々も動く、止まれば我々も止まる、と頑固に言い続けてきた手前、ムスターファたちアザライの「予定は未定」という行動が気になった。それは、常に最後は何が起きるかわからない、という不安だった。「塩の家」がどんな場所かも想像がつかない。意外とつまらないところなのかもしれない。彼らの言葉を借りるなら「インシャーラ！」。アッラーの御心のままに……かも。

砂丘を越えるたびに、一列に繋がれたラクダを眺めた。昨日までラクダのお腹に吊《つ》るしていた水袋がない。それは一〇〇パーセント町に着くという旅の終わりを告げていた。

飛行機のエンジン音が聞こえた。首都バマコから飛んで来た国営マリ航空の旅客機だ。その飛行機がマリ第二の町モプティに飛び発った。明日、同じ飛行機がもう一度モプティに飛ぶ。その乗客に私がなるなんて、とても実感が湧《わ》かない。

砂丘の上からトンブクトゥの高い給水塔が見えた。砂塵《さじん》の中にシルエットになった町並みが浮かんでいる。丘の向こうにジンガリベリ・モスクの塔を望む。左にサンコレ・モスクの塔も見えた。二〇頭のラクダが一直線に町に向かっている。このとき初めて目頭が熱くなった。帰って来た。さっきまで何も感じられなかったトンブクトゥへの熱い思いが、堰《せき》を切って溢《あふ》れ出る。四二日間、ついに一五〇〇キロの長旅をムスターファのアザライと共に成し遂げた。砂丘で薪を拾うカラフルな衣装に身を包んだ三人の黒人女性が、顔を隠さず笑いを振りまいて通り過ぎた。トンブクトゥの匂いがした。

昼近く、アジィがラクダから降りた。そこは町の入口。旅のラストシーンを飾るような気の利いた背景はないが、ナツメヤシの葉で囲まれた墓地を右に見て、ゴミ捨て場の空き地でラクダは止まった。先頭に繋いだ我々のラクダを切り離し、ムスターファが一四頭のラクダを引き連れて、西の通りから町に入る。アジィはラクダと直進して自分の家に向かった。私とアブドラはムスターファについて行く。

町の入口を二〇〇メートルほど進むと、子供たちが数人ふざけながら追いかけて来た。左に道を曲がったところで、先頭を行くムスターファが後ろを振り向きざまに、「走るな」と怒鳴った。町に入ったラクダは、なんにでも興奮する。通りを一〇分近く行くと、左側の角に日干し煉瓦《れんが》の雑貨屋があった。

出迎えたソンガイ族の中年の男がムスターファと挨拶を交わした。彼が店の主だった。彼が出てこなかったら、この雑貨屋が「塩の家」だとは気づかない。挨拶もそこそこに、若い男を手伝わせて店先にバーを下ろした。すぐそばのトタンを張った狭い扉の奥が塩の保管場所だ。店の主は私が一緒にいるのを嫌い、「写真を撮らないでくれ」と言った。

しかし、ムスターファが何も言わなかったので店主は諦めた。ムスターファは塩を置くと、どこかに消えてしまった。トタンの扉を押して中を覗《のぞ》くと、屋根のない二〇坪の土間に、質の悪い売れ残ったバーが五、六枚立てかけてあった。

アジィが迎えに来た。彼の家までは通り一つ隔てて五分の場所だ。町の雑踏にかき消されるように、あっという間にアザライの旅は終わった。アジィの家で荷物をまとめた。

午後三時過ぎ、ホテルに着く。トイレとシャワー付きの部屋は空いていなかった。ベッドだけあ

アザライの終着点「塩の家」の前で岩塩を下ろす

ればいい。もう砂の上に寝ることもない。明朝、モプティに飛ぶことが決まった。それはアブドラが私にしてくれた最後の仕事だった。

まだトンブクトゥに着いた実感が湧かない。三三年前の夢をかなえて、古の交易都市で体を休めているだけのような気がした。人の命を削り、ラクダを潰しながら、アザライは砂漠を越えて、タウデニから塩を運んで来た。私と一緒にトンブクトゥの町に塩を運んで来たアザライは、二〇頭のラクダとムスターファ一人だが、たとえ一攫《いっかく》千金の夢を乗せて来たとはいえ、塩が採れない地域の人々に塩を届ける使命を担っていたと私は解釈したい。


旅を通じて初めてビールを飲んだ。期待していなかったが、やはり美味しい。ポケットに残っていたピーナッツをつまみにグラスを傾けた。ホテルの広いテラスから、数時間前に越えて来た砂丘が見える。軽く痺《しび》れた頭にムスターファたちの姿がダブってきた。

何よりも感謝したいのは、ラクダ使いのアジィだ。君は素晴らしい塩の道のナビゲーターだ。そしてアブドラ、毎日の食事と通訳をありがとう。いろいろ問題はあったけれど、おかげで無事、三三年間見続けた夢を実現することができた。

旅の最後は、盛大なパーティなどない。早朝の一番機に合わせて、ガイドのイッサが車で飛行場に送ってくれた。

あとがき

暮らしの便利な日本にいると、塩分の摂り過ぎを心配しても、塩の大切さを忘れてしまう。今は黄金の重さと同じ価値はないけれど、塩は空気や水と同じように人間が生命を維持するための大切な物質であることに変わりはない。

タウデニの塩を運ぶアザライは四〇〇年の長い歴史から、今、大きく変わろうとしている。マリに輸入される海の塩は岩塩の三分の一の価格だ。いずれトンブクトゥにも津波のように海の塩が押し寄せて来るだろう。そのときタウデニの岩塩はどうなるのだろう。宝石のような神秘な輝きだけで人々を惹《ひ》きつけることはできない。ましてや赤痢から梅毒まであらゆる病気に効くという万能の薬効を、いつまでこの地域の人々は信じ続けていくのか疑問が残る。

旅の終わりに、塩の集散地モプティに飛んだ。岩塩が荷揚げされる港の岩塩市場で、タウデニ鉱山の採掘場を思い出しながら、記念にバー一枚を三〇〇〇円で買った。特大のスーツケースに入り切らず、三分の二にカットして日本に持ち帰った。その塩の板は現在、「たばこと塩

塩を扱う商人。トンブクトゥに運ばれた岩塩は船でニジェール川を遡り、マリ第二の町モプティに集められる

の博物館」（東京都墨田区）に展示されている。

骨と皮になった体は、体力に影響を及ぼすこともなく、一か月で元の状態に戻った。しかし、三三年の夢を成し遂げた割には、周囲はあまり興味を示さなかった。旅行記を本にする時代は終わったとまで言われたが、現存する二つのサハラ砂漠の塩の道を取材できたことは、私にとって何にも勝る宝となった。

次の旅は、アザライの一員になって、タウデニから塩を運んで来ようと思っていた。しかし、その後、マリの治安は再び悪化。たび重なるトゥアレグ族の武装蜂起で実現に至っていない。

マリからの分離独立を求めたトゥアレグ

族の軍隊は、二〇一二年一月にも、リビアから引きあげてきた多数の傭兵《ようへい》たちと合流し、再び武装蜂起した。マリ国軍は汚職などによる腐敗で弱体化していたため、同年三月クーデターが発生。その混乱を利用して、トゥアレグ軍はトンブクトゥを含む北部三州を制圧して、四月に独立宣言をした。さらに二〇一三年一月、首都バマコに向け進軍したのである。

時を同じくして、日本人一〇人を含む多数の外国人が犠牲になる、アルジェリア南東部イナメナスの人質事件が起きてしまった。テロを起こしたアルカイダ系武装組織はトゥアレグ族の軍隊にも合流し、外国人誘拐と麻薬密輸を主とするテロリスト集団に身を投じている。フランスの軍事介入で、トゥアレグ軍を北に押し戻しているが、テロリストの掃討作戦はしばらく続きそうだ。一時占領されたトンブクトゥは、再びマリ国軍が奪還したが、塩の道を含めた町の外はトゥアレグ軍の支配下だ。

外務省は現在、マリへの渡航中止勧告を出している。マリ北部に至ってはさらに危険度が高い地域として、退避勧告が出されている状況だ。

いつかまた、アブドラやアジィ、ムスターファたちとサハラを自由に旅できる日が来ることを願っている。

（二〇一七年春）

片平　孝（かたひら　たかし）

一九四三年、宮城県生まれ。日本写真家協会会員。一九六九年～七三年、サハラに魅せられ、砂漠の旅を続ける。一九七二年、ハウサ族のラクダのキャラバンに密着し、サハラ「塩の道・東西ルート」を踏破。このとき命懸けで塩を運ぶ人々の姿に感動し、以来、塩を産出する土地を求め、世界中で取材を続けている。国内では唯一、その結晶の美しさから、樹氷など雪や氷を撮影している。本書は、二〇〇三年、還暦をまたいでサハラ「塩の道・南北ルート」の同行取材に成功したときの記録。主な著書に『塩　地球からの贈り物』『雪と氷の大研究』『おかしなゆき　ふしぎなこおり』『砂漠の世界』など。

サハラ砂漠《さばく》 塩《しお》の道《みち》をゆく

二〇一七年五月二二日　第一刷発行　　集英社新書ヴィジュアル版〇四二V

著者……片平《かたひら》 孝《たかし》

発行者……茨木政彦

発行所……株式会社集英社

東京都千代田区一ツ橋二-五-一〇　郵便番号一〇一-八〇五〇

電話　〇三-三二三〇-六三九一（編集部）
〇三-三二三〇-六〇八〇（読者係）
〇三-三二三〇-六三九三（販売部）書店専用

装幀……伊藤明彦（アイ・デプト.）

印刷所……凸版印刷株式会社

製本所……加藤製本株式会社

定価はカバーに表示してあります。

ISBN 978-4-08-720881-8 C0226

集英社新書ヴィジュアル版・ノンフィクション　好評既刊

ライオンはとてつもなく不味い
山形豪　041-V
ライオンは不味すぎるため食われずに最期を迎える…。幼少期アフリカで育った異色の動物写真家が、写真と文章で綴る大自然の「生」の本質。

野生動物カメラマン
岩合光昭　040-V
世界的動物写真家の真骨頂は、野生動物の撮影にある。人々を魅了してやまない写真と共に、その舞台裏と野生動物への尽きせぬ想いを綴る。

伊勢神宮とは何か　日本の神は海からやってきた
植島啓司　松原豊 写真　039-V
神事「式年遷宮」を行う日本最高峰の聖地、伊勢神宮。世界の聖地を研究してきた宗教人類学者がフィールドワークを重ねた解釈に迫る。

吾輩は猫画家である　ルイス・ウェイン伝
南條竹則　038-V
19世紀末から20世紀のイギリスで爆発的な人気を誇った「猫」挿絵画家、ルイス・ウェイン。その半生を、貴重なイラスト多数とともに辿る。

美女の一瞬
金子達仁　小林紀晴　035-V
美人として生きるということは、どういうことなのだろうか——。スポーツライターと写真家が、美女たちの一瞬の輝きを切り取った記録。

熱帯の夢
茂木健一郎　中野義樹 写真　014-V
熱帯雨林の大自然の本質をつかめ！　人気脳科学者が挑んだ、コスタリカ・エコ紀行。自分を包むすべてのものに五感をひらく旅とは？

奇食珍食　糞便録
椎名誠　0798-N
世界の辺境を長年めぐってきた著者ならではの視点で、「人間が何を食べ、どう排泄してきたか」を赤裸々にルポルタージュする。

「辺境」の誇り　アメリカ先住民と日本人
鎌田遵　0773-N
国家をはじめとする巨大な「権力」や暴力的な「正義」に抵抗し「辺境」に生きる人びとを、アメリカと日本に追った渾身のノンフィクション。

女ノマド、一人砂漠に生きる
常見藤代　0672-N
急速に変容するイスラム社会にあって、日本とはまったく異なる価値観で力強く生きる一族の女たちを鮮やかに描いた渾身のノンフィクション！

鯨人
石川梵　0578-N
生きるために人と鯨は闘う。銛一本で地球最大の生物に挑む人々のドキュメントを雄渾に活写する、比類なきネイチャー・ドキュメンタリー。